MOLIÈRE

LES PRÉCIEUSES RIDICULES

COMÉDIE

TEXTE INTÉGRAL

D1393519

*Texte conforme
à l'édition des Grands Écrivains de la France.*

*Notes explicatives, questionnaires, bilans,
documents et parcours thématique*

établis par

Michel BOUTY,

*Professeur agrégé des Lettres,
Inspecteur Pédagogique Régional.*

Classiques Hachette

Couverture : Laurent Carré

© HACHETTE LIVRE, 2006, 43, quai de Grenelle, 75905 Paris Cedex 15

ISBN : 978-2-01-169383-9

www.hachette-education.com

LES PRÉCIEUSES RIDICULES
(texte intégral)

MOLIÈRE ET SON TEMPS

À PROPOS DE L'ŒUVRE

PARCOURS THÉMATIQUE

ANNEXES

Portrait de Molière. Copie par Jean-Baptiste Mauzaisse d'une peinture de Noël Coypel.
Musée de Versailles.

En 1659, Molière a trente-sept ans. Chef de troupe et acteur expérimenté, mais auteur de notoriété encore modeste, il est de retour à Paris depuis peu, après treize années passées à courir les provinces.
Il a essayé de conquérir Paris dès 1643, en fondant l'Illustre-Théâtre avec la famille Béjart et d'autres acteurs. Ce fut un échec.
Il est alors entré, avec Madeleine Béjart, dans une « troupe de campagne », celle de Dufresne, qui parcourt les provinces de l'Ouest et l'Aquitaine et bénéficie, un certain temps, de la protection du duc d'Épernon, gouverneur de Guyenne. Molière en est devenu le chef en 1650. Il a obtenu la protection du prince de Conti, gouverneur du Languedoc. Années fastes. La troupe s'est produite désormais en Languedoc, à Montpellier, Pézenas, mais a aussi régulièrement séjourné à Lyon.
C'est à Lyon que Molière, en 1655, a donné sa première comédie, L'Étourdi, fondée sur les fourberies du valet Mascarille dont il tient le rôle. À Béziers, en 1656, il a créé Le Dépit amoureux, une comédie romanesque où reparaît Mascarille.
Quand, en 1657, le prince de Conti, converti à la dévotion, lui a retiré son soutien, il est passé au service du gouverneur de Normandie et a préparé son retour à Paris.
Il y a fait sa rentrée le 24 octobre 1658, sous le patronage de Monsieur, frère du Roi, par un spectacle donné au Louvre, devant le Roi et la Cour. La troupe n'a pas séduit dans Nicomède de Corneille, mais Molière a fait rire Louis XIV par une petite farce, Le Docteur amoureux, et le Roi lui a attribué la salle du Petit-Bourbon, où il joue en alternance avec les Comédiens Italiens.
Ses nouveaux débuts à Paris sont difficiles.
Molière ne réussit guère dans la tragédie et passe pour ne briller que dans la farce, quand la brève comédie des Précieuses ridicules, jouée pour la première fois le 18 novembre 1659, lui apporte un succès dont il avait besoin.
C'est la véritable naissance de sa carrière d'auteur.

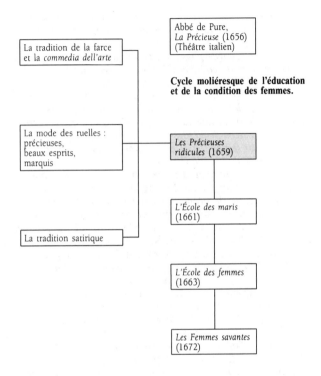

Abbé de Pure,
La Précieuse (1656)
(Théâtre italien)

**Cycle moliéresque de l'éducation
et de la condition des femmes.**

La tradition de la farce
et la *commedia dell'arte*

La mode des ruelles :
précieuses,
beaux esprits,
marquis

*Les Précieuses
ridicules* (1659)

La tradition satirique

L'École des maris
(1661)

L'École des femmes
(1663)

Les Femmes savantes
(1672)

Lire _Les Précieuses ridicules_, c'est répondre à l'appel d'un
titre célèbre et découvrir une farce
qui porte sur une mode dont Molière assure,
par-dessus les siècles, la survie dans les mémoires.
C'est s'amuser de Magdelon et de Cathos, deux «pecques
provinciales» impatientes de goûter à la vie de Paris, qui
reçoivent mal deux jeunes bourgeois,
La Grange et Du Croisy, présentés par Gorgibus,
père de la première, mais se laissent éblouir
par le prétendu marquis de Mascarille et son compère,
le vicomte de Jodelet, qui sont les valets déguisés
des bourgeois éconduits.
C'est aussi s'intéresser au fonctionnement de cette petite
comédie en un acte où se dessinent, au début
de la carrière parisienne de Molière, la nouveauté
et l'originalité de son œuvre à venir. Et c'est, pour cela,
la replacer dans le contexte théâtral et littéraire
de sa création.
Lire _Les Précieuses ridicules_, c'est entrer dans une farce
de fin de spectacle, destinée alors à compléter
une tragédie ou une grande comédie et à faire rire. Le jeu
est mené par les deux vedettes comiques de la troupe,
Mascarille (Molière) et Jodelet (le célèbre Jodelet du
Théâtre du Marais), avec déguisements, supercheries,
pitreries et coups de bâtons.
Mais c'est aussi, fait alors nouveau dans le genre,
rencontrer une charge satirique contre la mode
du moment : l'esprit précieux, représenté dans ses travers
et ses ridicules par deux provinciales qui ont lu trop
de romans, et par le valet Mascarille qui, bel esprit
par goût et imposteur sur ordre de son maître,
singe les petits marquis familiers des «ruelles».
Lire _Les Précieuses ridicules_, c'est, donc, recueillir,
sur l'esprit précieux et le féminisme au XVIIe siècle,
un témoignage marqué par un parti pris satirique.
Il faut en être conscient, mais ne point hésiter à rire :
Molière donne un exemple salutaire
de résistance du jugement
à ce qui devient affectation, jargon et pose.

LES PRECIEUSES RIDICULES

LES
PRECIEVSES
RIDICVLES.
COMEDIE.
REPRESENTE'E
au Petit Bourbon.

A PARIS,
Chez CHARLES DE SERCY, au
Palais, dans la Salle Dauphine,
à la Bonne-Foy couronnée.

M. DC. LX.
AVEC PRIVILEGE DV ROY.

Préface de Molière (1660)

C'EST une chose étrange qu'on imprime les gens malgré eux[1]. Je ne vois rien de si injuste, et je pardonnerais toute autre violence plutôt que celle-là.

Ce n'est pas que je veuille faire ici l'auteur modeste, et
5 mépriser par honneur ma comédie. J'offenserais mal à propos tout Paris, si je l'accusais d'avoir pu applaudir à une sottise. Comme le public est le juge absolu de ces sortes d'ouvrages, il y aurait de l'impertinence• à moi[2] de le démentir ; et quand j'aurais eu la plus mauvaise opinion du monde de mes *Pré-*
10 *cieuses ridicules* avant leur représentation, je dois croire maintenant qu'elles valent quelque chose, puisque tant de gens ensemble en ont dit du bien. Mais comme une grande partie des grâces qu'on y a trouvées dépendent de l'action[3] et du bon ton de voix, il m'importait qu'on ne les dépouillât pas de ces
15 ornements ; et je trouvais que le succès qu'elles avaient eu dans la représentation était assez beau pour en demeurer là. J'avais résolu, dis-je, de ne les faire voir qu'à la chandelle[4], pour ne point donner lieu à quelqu'un de dire le proverbe[5] ; et je ne voulais pas qu'elles sautassent du théâtre de Bourbon[6] dans la
20 galerie du Palais[7]. Cependant je n'ai pu l'éviter, et je suis tombé dans la disgrâce de voir une copie dérobée de ma pièce entre les mains des libraires, accompagnée d'un privilège[8] obtenu par surprise. J'ai eu beau crier : «Ô temps ! ô mœurs[9] !» on m'a fait voir une nécessité pour moi d'être imprimé, ou d'avoir
25 un procès ; et le dernier mal est encore pire que le premier. Il

---

1. *on imprime les gens malgré eux* : le libraire Jean Ribou (les libraires sont alors également éditeurs) avait entrepris de publier la comédie de Molière, sans son autorisation, et obtenu, le 12 janvier 1660, un privilège pour *Les Précieuses ridicules* et *Les Véritables Précieuses*, comédie d'un écrivain besogneux, Antoine Baudeau de Somaize, qui avait procuré une copie dérobée de la pièce de Molière. Molière fit annuler le privilège frauduleusement obtenu par Ribou et précipita la publication des *Précieuses ridicules* en la confiant au libraire de Luynes. D'ordinaire, pour imprimer une pièce, on attendait que son succès théâtral fût épuisé, car sa publication la faisait tomber dans le domaine public, si bien que n'importe quelle troupe pouvait, dès lors, la jouer. Ainsi Molière, afin d'en conserver l'exclusivité, n'a-t-il pas encore fait imprimer *L'Étourdi* et *Le Dépit amoureux*, dont il continue de tirer de bonnes recettes.
2. *à moi* : de ma part.
3. *l'action* : le jeu des acteurs.
4. *ne les faire voir qu'à la chandelle* : c'est-à-dire sous l'éclairage du théâtre.
5. *le proverbe* : on dit, d'après le *Dictionnaire* de Furetière (1690) : «*Cette femme est belle à la chandelle, mais le jour gâte tout*, pour dire que la grande lumière fait aisément découvrir les défauts.»
6. *théâtre de Bourbon* : théâtre où jouait Molière. Cf. «Jouer à Paris en 1659», p. 62.
7. *galerie du Palais* : galerie du Palais de Justice où se trouvaient les boutiques des libraires.
8. *privilège* : autorisation d'imprimer, accordée au nom du roi.
9. «*Ô temps ! ô mœurs !*» : reprise humoristique d'une exclamation célèbre de Cicéron sur la décadence des mœurs (*Première Catilinaire*).

faut donc se laisser aller à la destinée, et consentir à une chose qu'on ne laisserait pas de[1] faire sans moi.

Mon Dieu, l'étrange embarras qu'un livre à mettre au jour, et qu'un auteur est neuf[2] la première fois qu'on l'imprime !
30 Encore, si l'on m'avait donné du temps, j'aurais pu mieux songer à moi, et j'aurais pris toutes les précautions que Messieurs les auteurs, à présent mes confrères, ont coutume de prendre en semblables occasions. Outre quelque grand seigneur que j'aurais été prendre malgré lui pour protecteur de mon
35 ouvrage, et dont j'aurais tenté la libéralité par une épître dédicatoire bien fleurie, j'aurais tâché de faire une belle et docte préface ; et je ne manque point de livres qui m'auraient fourni tout ce qu'on peut dire de savant sur la tragédie et la comédie, l'étymologie de toutes deux, leur origine, leur définition et le
40 reste. J'aurais parlé aussi à mes amis, qui pour la recommandation de ma pièce ne m'auraient pas refusé ou des vers français, ou des vers latins. J'en ai même qui m'auraient loué en grec ; et l'on n'ignore pas qu'une louange en grec est d'une merveilleuse efficace[3] à la tête d'un livre. Mais on me met au jour sans
45 me donner le loisir de me reconnaître[4] ; et je ne puis même obtenir la liberté de dire deux mots pour justifier mes intentions sur le sujet de cette comédie. J'aurais voulu faire voir qu'elle se tient partout dans les bornes de la satire honnête et permise ; que les plus excellentes choses sont sujettes à être
50 copiées par de mauvais singes, qui méritent d'être bernés[5] ; que ces vicieuses imitations de ce qu'il y a de plus parfait ont été de tout temps la matière de la comédie ; et que, par la même raison que les véritables savants et les vrais braves ne se sont point encore avisés de s'offenser du Docteur de la comé-
55 die et du Capitan[6], non plus que les juges, les princes et les rois de voir Trivelin[6], ou quelque autre sur le théâtre, faire ridiculement le juge, le prince ou le roi, aussi[7] les véritables précieuses auraient tort de se piquer lorsqu'on joue les ridicules qui les imitent mal. Mais enfin, comme j'ai dit, on ne me laisse
60 pas le temps de respirer, et M. de Luynes[8] veut m'aller relier de ce pas : à la bonne heure, puisque Dieu l'a voulu !

---

1. *on ne laisserait pas de* : on ne manquerait pas de.
2. *neuf* : novice.
3. *une efficace* : une efficacité.
4. *me reconnaître* : reconnaître où je suis, reprendre mes esprits.
5. *bernés* : moqués.
6. *le Docteur, le Capitan, Trivelin* : dans la *commedia dell'arte*, le Docteur est un pédant, le Capitan un fanfaron, Trivelin un bouffon qui joue des rôles de juge et de roi.
7. *aussi* : de même.
8. *M. de Luynes* : libraire (= éditeur), à qui Molière a confié l'édition des *Précieuses ridicules*.

PERSONNAGES

LA GRANGE[1].
DU CROISY[2]. } amants• rebutés.
GORGIBUS[3], bon bourgeois.
MAGDELON[4], fille de Gorgibus
CATHOS[5], nièce de Gorgibus } précieuses ridicules.
MAROTTE[6], servante des précieuses ridicules.
ALMANZOR[7], laquais des précieuses ridicules.
LE MARQUIS DE MASCARILLE[8], valet de La Grange.
LE VICOMTE DE JODELET[9], valet de Du Croisy.
DEUX PORTEURS DE CHAISE.
VOISINES.
VIOLONS.

> Les mots du texte suivis du signe (•) sont expliqués dans le
> lexique p. 110.
> Les termes qui sont suivis du signe (*) font l'objet d'articles
> dans l'index thématique p. 102 à 109.

---

1. *La Grange* : le personnage porte le nom de l'acteur qui tient le rôle. La Grange –
de son véritable nom Charles Varlet – vient d'entrer, à Pâques, dans la troupe pour
jouer les jeunes premiers. Il a vingt ans. Il deviendra le compagnon fidèle de Molière,
tenant le précieux *Registre* qui nous renseigne sur l'activité de la troupe, et éditera le
Théâtre complet de Molière en 1682.
2. *Du Croisy* : nom de l'acteur qui tient le rôle. Il vient d'entrer dans la troupe en
même temps que La Grange.
3. *Gorgibus* : ce nom cocasse serait celui d'un entrepreneur de transports voisin de
Molière. Le père s'appelle également Gorgibus dans des farces antérieures, *La
Jalousie du Barbouillé* et *Le Médecin volant*, ainsi que dans *Sganarelle ou le Cocu
imaginaire* (1660). Dans *Les Précieuses ridicules*, le rôle était tenu par L'Espy, frère de
Jodelet.
4. *Magdelon* : prononcer « Madelon » ; c'est le diminutif de Madeleine. Le rôle est
tenu par Madeleine Béjart.
5. *Cathos* : prononcer « Catau » ; c'est le diminutif de Catherine. Le rôle est tenu par
Catherine de Brie.
6. *Marotte* : diminutif de Marie. Rôle tenu par Marie Ragueneau, fille du pâtissier-
poète qu'Edmond Rostand mettra en scène dans son *Cyrano de Bergerac* (1897).
7. *Almanzor* : nom puisé dans un roman de Gomberville, *Polexandre* (1632).
8. *Mascarille* : de l'italien « *mascara* », masque. Rôle tenu par Molière qui a créé ce
personnage de valet dans *L'Étourdi*, et l'a repris dans *Le Dépit amoureux*.
9. *Jodelet* : rôle tenu par le célèbre farceur Jodelet – de son vrai nom Julien
Bedeau –, qui est passé, à Pâques, du Théâtre du Marais dans la troupe de Molière. Il
a créé un type de valet burlesque, au visage enfariné, bien connu du public. Il est
alors en fin de carrière et va mourir le 27 mars 1660.

SCÈNE PREMIÈRE. La Grange, Du Croisy

Du Croisy. Seigneur[1] La Grange...

La Grange. Quoi?

Du Croisy. Regardez-moi un peu sans rire.

La Grange. Eh bien?

5 Du Croisy. Que dites-vous de notre visite? en êtes-vous fort satisfait?

La Grange. À votre avis, avons-nous sujet de l'être tous deux?

Du Croisy. Pas tout à fait, à dire vrai.

10 La Grange. Pour moi, je vous avoue que j'en suis tout scandalisé. A-t-on jamais vu, dites-moi, deux pecques[2] provinciales faire plus les renchéries[3] que celles-là, et deux hommes traités avec plus de mépris que nous? À peine ont-elles pu se résoudre à nous faire donner des 15 sièges. Je n'ai jamais vu tant parler à l'oreille qu'elles ont fait entre elles, tant bâiller, tant se frotter les yeux, et demander tant de fois: «Quelle heure est-il?» Ont-elles répondu que oui et non[4] à tout ce que nous avons pu leur dire? Et ne m'avouerez-vous pas enfin que, quand

---

1. *Seigneur* : terme de politesse qui s'emploie au théâtre par imitation de la comédie italienne où *«Signore»* est l'équivalent de «Monsieur».
2. *pecques* : sottes (du provençal *«pec»*, «sot», qui vient du latin *«pecus, pecudis»*, «tête de bétail»; le mot, usuel au XVIIᵉ siècle, mais sorti de l'usage aujourd'hui, est à rapprocher de *«pécore»* (de l'italien *«pecora»*).
3. *renchéries* : dédaigneuses.
4. *que oui et non* : autre chose que oui et non.

13

20 nous aurions été les dernières personnes du monde, on ne pouvait nous faire pis qu'elles ont fait ?

Du Croisy.   Il me semble que vous prenez la chose fort à cœur.

La Grange.   Sans doute*, je l'y prends, et de telle
25 façon que je veux me venger de cette impertinence*. Je connais ce qui nous a fait mépriser. L'air précieux n'a pas seulement infecté Paris, il s'est aussi répandu dans les provinces, et nos donzelles[1] ridicules en ont humé leur bonne part. En un mot, c'est un ambigu[2] de pré-
30 cieuse et de coquette que leur personne. Je vois ce qu'il faut être pour en être bien reçu ; et si vous m'en croyez, nous leur jouerons tous deux une pièce[3] qui leur fera voir leur sottise, et pourra leur apprendre à connaître un peu mieux leur monde.

35 Du Croisy.   Et comment encore ?

La Grange.   J'ai un certain valet, nommé Mascarille, qui passe, au sentiment de beaucoup de gens, pour une manière de bel esprit*, car il n'y a rien à meilleur marché que le bel esprit maintenant. C'est un extravagant,
40 qui s'est mis dans la tête de vouloir faire l'homme de condition[4]. Il se pique ordinairement de galanterie* et de vers, et dédaigne les autres valets, jusqu'à les appeler brutaux*.

Du Croisy.   Eh bien, qu'en prétendez-vous faire ?

45 La Grange.   Ce que j'en prétends faire ? Il faut... Mais sortons d'ici auparavant.

---

1. *donzelles* : terme péjoratif, comme aujourd'hui (du latin populaire «*domnicella*», dérivé de «*dominicella*», qui a donné «demoiselle»).
2. *un ambigu* : un mélange.
3. *une pièce* : un tour.
4. *homme de condition* : homme de condition noble.

SCÈNE 2. Gorgibus, Du Croisy, La Grange

Gorgibus.   Eh bien, vous avez vu ma nièce et ma fille : les affaires iront-elles bien ? Quel est le résultat de cette visite ?

La Grange.   C'est une chose que vous pourrez mieux
5   apprendre d'elles que de nous. Tout ce que nous pouvons vous dire, c'est que nous vous rendons grâce de la faveur que vous nous avez faite, et demeurons vos très humbles serviteurs.

Gorgibus *(Seul)*.   Ouais ! Il semble qu'ils sortent mal
10   satisfaits d'ici. D'où pourrait venir leur mécontentement ? Il faut savoir un peu ce que c'est. Holà !

Gorgibus (Marco-Behar) ; Comédie-Française, avril 1960.

Questions

Compréhension

1. *Qui sont La Grange et Du Croisy ? Quel est leur rang social ? Que venaient-ils faire dans la maison de Gorgibus ? À quel milieu celui-ci appartient-il ?*

2. *Comment les deux visiteurs ont-ils été accueillis par la fille et la nièce de Gorgibus ? Pour quelles raisons ?*

3. *Comment La Grange laisse-t-il entendre qu'il va se venger ? Quelle sorte d'action, du point de vue théâtral, est ainsi annoncée ? Sur qui va-t-elle reposer ?*

4. *À quoi Gorgibus fait-il allusion quand il dit :* « les affaires iront-elles bien ? » *(sc. 2) ?*

5. *Quel sujet de satire se trouve défini ? Qu'est-ce que* « l'air précieux » *?* « un bel esprit* » *?* « un ambigu de précieuse et de coquette » *? Cf.* « Les Précieuses et la préciosité », *p. 80. Quel est l'intérêt de la précision apportée par La Grange sur l'origine des deux* « précieuses ridicules » *(sc. 1, l. 11-12 et 27-28) ?*

Écriture

6. *Comment l'indignation de La Grange se traduit-elle dans son langage ? Étudiez les formules ironiques dont il use, la syntaxe et le mouvement de ses propos.*

Mise en scène

7. *Imaginez le costume de La Grange et de Du Croisy en tenant compte de ce qu'en dit Cathos à la scène 4 (l. 73-85). Que doit-il signifier ?*

8. *Comment habiller Gorgibus ? Quelle allure lui prêter ? (Cf. témoignage de Mlle Desjardins sur la mise en scène de Molière à l'article Bourgeois* dans l'« index des thèmes »).*

SCÈNE 3. Marotte, Gorgibus

Marotte.   Que désirez-vous, Monsieur ?

Gorgibus.   Où sont vos maîtresses ?

Marotte.   Dans leur cabinet[1].

Gorgibus.   Que font-elles ?

Marotte.   De la pommade pour les lèvres.

Gorgibus.   C'est trop pommadé. Dites-leur qu'elles descendent. *(Seul)* Ces pendardes-là, avec leur pommade, ont, je pense, envie de me ruiner. Je ne vois partout que blancs d'œufs, lait virginal[2], et mille autres brimborions[3] que je ne connais pas. Elles ont usé, depuis que nous sommes ici, le lard d'une douzaine de cochons, pour le moins, et quatre valets vivraient tous les jours des pieds de mouton[4] qu'elles emploient.

SCÈNE 4. Magdelon, Cathos, Gorgibus

Gorgibus.   Il est bien nécessaire vraiment de faire tant de dépense pour vous graisser le museau. Dites-moi un peu ce que vous avez fait à ces Messieurs, que je les vois

---

1.   *cabinet* : cabinet de toilette.
2.   *lait virginal* : « *liqueur* (= lotion) *pour blanchir les mains et le visage* » (Dictionnaire de Furetière, 1690).
3.   *brimborions* : petites choses, babioles.
4.   *pieds de mouton* : ils servent, comme le lard, à confectionner des crèmes de beauté.

sortir[1] avec tant de froideur? Vous avais-je pas
5 commandé[2] de les recevoir comme des personnes que je
voulais vous donner pour maris?

MAGDELON.   Et quelle estime, mon père, voulez-vous
que nous fassions du procédé irrégulier[3] de ces gens-là?

CATHOS.   Le moyen, mon oncle, qu'une fille un peu rai-
10 sonnable se pût accommoder de leur personne?

GORGIBUS.   Et qu'y trouvez-vous à redire?

MAGDELON.   La belle galanterie• que la leur! Quoi?
débuter d'abord• par le mariage!

GORGIBUS.   Et par où veux-tu donc qu'ils débutent? par
15 le concubinage? N'est-ce pas un procédé dont vous avez
sujet de vous louer toutes deux aussi bien que moi?
Est-il rien de plus obligeant que cela? Et ce lien sacré où
ils aspirent n'est-il pas un témoignage de l'honnêteté de
leurs intentions?

20 MAGDELON.   Ah! mon père, ce que vous dites là est du
dernier bourgeois. Cela me fait honte de vous ouïr parler
de la sorte, et vous devriez un peu vous faire apprendre
le bel air[4] des choses.

GORGIBUS.   Je n'ai que faire ni d'air ni de chanson. Je te
25 dis que le mariage est une chose sainte et sacrée, et que
c'est faire en honnêtes gens• que de débuter par là.

MAGDELON.   Mon Dieu, que, si tout le monde vous res-
semblait, un roman serait bientôt fini! La belle chose
que ce serait si d'abord• Cyrus épousait Mandane, et
30 qu'Aronce de plain-pied fût marié à Clélie[5]!

---

1. *que je les vois sortir* : pour que je les voie sortir (conséquence).
2. *Vous avais-je pas commandé?* : au XVIIe siècle, la négation «*ne*» est normalement omise dans les structures interro-négatives.
3. *procédé irrégulier* : manière d'agir contraire aux règles (vocabulaire précieux).
4. *le bel air des choses* : les belles manières.
5. *Cyrus, Mandane, Aronce, Clélie* : héros de Mlle de Scudéry, auteur de longs romans à la mode, *Artamène ou le Grand Cyrus* (1649-1653) et *Clélie, Histoire romaine* (1654-1660).

GORGIBUS.   Que me vient conter celle-ci?

MAGDELON.   Mon père, voilà ma cousine qui vous dira, aussi bien que moi, que le mariage ne doit jamais arriver qu'après les autres aventures. Il faut qu'un amant*, pour
35 être agréable, sache débiter les beaux sentiments, pousser[1] le doux, le tendre et le passionné, et que sa recherche[2] soit dans les formes. Premièrement, il doit voir au temple[3], ou à la promenade, ou dans quelque cérémonie publique, la personne dont il devient amou-
40 reux; ou bien être conduit fatalement* chez elle par un parent ou un ami, et sortir de là tout rêveur et mélancolique. Il cache un temps sa passion à l'objet* aimé, et cependant* lui rend plusieurs visites, où l'on ne manque jamais de mettre sur le tapis une question galante* qui
45 exerce les esprits de l'assemblée. Le jour de la déclaration arrive, qui se doit faire ordinairement dans une allée de quelque jardin, tandis que la compagnie s'est un peu éloignée; et cette déclaration est suivie d'un prompt courroux, qui paraît à notre rougeur, et qui, pour un
50 temps, bannit l'amant de notre présence. Ensuite il trouve moyen de nous apaiser, de nous accoutumer insensiblement au discours de sa passion[4], et de tirer de nous cet aveu qui fait tant de peine. Après cela viennent les aventures, les rivaux qui se jettent à la traverse[5]
55 d'une inclination établie, les persécutions des pères, les jalousies conçues sur de fausses apparences, les plaintes, les désespoirs, les enlèvements, et ce qui s'ensuit. Voilà comme* les choses se traitent dans les belles manières, et ce sont des règles dont, en bonne galanterie*, on ne
60 saurait se dispenser. Mais en venir de but en blanc à l'union conjugale, ne faire l'amour* qu'en faisant le contrat de mariage, et prendre justement le roman par la queue! encore un coup*, mon père, il ne se peut rien de

---

1. *pousser* : exprimer.
2. *sa recherche* : sa recherche en mariage.
3. *temple* : église (style littéraire soutenu).
4. *discours de sa passion* : expression de sa passion.
5. *à la traverse de* : en travers de.

19

plus marchand[1] que ce procédé ; et j'ai mal au cœur de la seule vision que cela me fait.

GORGIBUS.   Quel diable de jargon entends-je ici ? Voici bien du haut style.

CATHOS.   En effet, mon oncle, ma cousine donne dans le vrai de la chose. Le moyen de bien recevoir des gens qui sont tout à fait incongrus[2] en galanterie• ? Je m'en vais gager qu'ils n'ont jamais vu la carte de Tendre[3], et que Billets-Doux, Petits-Soins, Billets-Galants et Jolis-Vers sont des terres inconnues pour eux. Ne voyez-vous pas que toute leur personne marque cela, et qu'ils n'ont point cet air qui donne d'abord• bonne opinion des gens ? Venir en visite amoureuse avec une jambe toute unie[4], un chapeau désarmé de plumes[5], une tête irrégulière en cheveux[6], et un habit qui souffre une indigence de rubans !... mon Dieu, quels amants• sont-ce là ! Quelle frugalité d'ajustement et quelle sécheresse de conversation ! On n'y dure point, on n'y tient pas. J'ai remarqué encore que leurs rabats[7] ne sont pas de la bonne faiseuse, et qu'il s'en faut plus d'un grand demi-pied[8] que leurs hauts-de-chausses[9] ne soient assez larges.

GORGIBUS.   Je pense qu'elles sont folles toutes deux, et je ne puis rien comprendre à ce baragouin. Cathos, et vous, Magdelon...

MAGDELON.   Eh ! de grâce, mon père, défaites-vous

---

1. *rien de plus marchand* : rien de plus vulgaire.
2. *incongrus* : malséants, ignorants des bienséances.
3. *la carte de Tendre* : représentation allégorique du pays de l'amour figurant dans le roman *Clélie* de Mlle de Scudéry (Cf. p. 86-87).
4. *toute unie* : sans canons ; les canons sont des ornements de toile ou de dentelle, attachés au haut-de-chausses, sous le genou.
5. *désarmé de plumes* : sans plumes.
6. *irrégulière en cheveux* : mal peignée.
7. *rabats* : collets. Après avoir été petits vers 1644, les collets sont devenus très grands. (Cf. description de l'habillement de Mascarille par Mlle Desjardins, p. 71.)
8. *un grand demi-pied* : le pied mesure 32 cm.
9. *hauts-de-chausses* : culottes.

Magdelon (Claude Mathieu), Gorgibus (Igor Tyczka) et Cathos (Isabelle Gardien) dans la mise en scène de J.L. Boutté, Comédie-Française, le 26 janvier 1993.

90 de ces noms étranges, et nous appelons autrement[1].

GORGIBUS.   Comment, ces noms étranges! Ne sont-ce pas vos noms de baptême?

MAGDELON.   Mon Dieu, que vous êtes vulgaire! Pour moi, un de mes étonnements, c'est que vous ayez pu 95 faire une fille si spirituelle que moi. A-t-on jamais parlé dans le beau style de Cathos ni de Magdelon? et ne m'avouerez-vous pas que ce serait assez d'un de ces noms pour décrier[2] le plus beau roman du monde?

CATHOS.   Il est vrai, mon oncle, qu'une oreille un peu 100 délicate pâtit[3] furieusement à entendre prononcer ces mots-là; et le nom de Polyxène[4] que ma cousine a choisi, et celui d'Aminte[5] que je me suis donné, ont une grâce dont il faut que vous demeuriez d'accord.

GORGIBUS.   Écoutez, il n'y a qu'un mot qui serve[6] : je 105 n'entends point que vous ayez d'autres noms que ceux qui vous ont été donnés par vos parrains et marraines; et pour ces Messieurs dont il est question, je connais leurs familles et leurs biens, et je veux résolument que vous vous disposiez à les recevoir pour maris. Je me 110 lasse de vous avoir sur les bras, et la garde de deux filles est une charge un peu trop pesante pour un homme de mon âge.

CATHOS.   Pour moi, mon oncle, tout ce que je vous puis dire, c'est que je treuve[7] le mariage une chose tout à fait

---

1. *et nous appelez autrement* : et appelez-nous autrement. Cathos et Magdelon (prononcer «Catau» et «Madelon») sont les diminutifs populaires de Catherine et de Madeleine.
2. *décrier* : discréditer.
3. *pâtit* : souffre.
4. *Polyxène* : nom de la plus jeune des filles de Priam, roi de Troie. Polyxène n'est pas mentionnée dans l'*Iliade,* mais apparaît dans des légendes postérieures qui développent ses amours avec Achille. En 1623, a paru un roman de Molière d'Essertines, intitulé *Polixène.*
5. *Aminte* : nom d'une confidente dans *Polexandre,* célèbre roman d'aventures et d'amour, publié en 1632 par Martin Leroy de Gomberville (1600-1674).
6. *il n'y a qu'un mot qui serve* : «il faut parler franc et sans déguisement.» (*Dictionnaire* de Richelet, 1680).
7. *je treuve* : je trouve (forme ancienne, encore en usage au XVIIe siècle).

115 choquante. Comment est-ce qu'on peut souffrir la pensée de coucher contre un homme vraiment nu ?

MAGDELON.   Souffrez que nous prenions un peu haleine parmi le beau monde de Paris, où nous ne faisons que d'arriver. Laissez-nous faire à loisir le tissu de notre
120 roman, et n'en pressez point tant la conclusion.

GORGIBUS.   Il n'en faut point douter, elles sont achevées[1]. Encore un coup•, je n'entends• rien à toutes ces balivernes ; je veux être maître absolu ; et pour trancher toutes sortes de discours, ou vous serez mariées toutes
125 deux avant qu'il soit peu, ou, ma foi ! vous serez religieuses : j'en fais un bon serment.

SCÈNE 5. CATHOS, MAGDELON

CATHOS.   Mon Dieu ! ma chère, que ton père a la forme enfoncée dans la matière[2] ! que son intelligence est épaisse, et qu'il fait sombre dans son âme !

MAGDELON.   Que veux-tu, ma chère ? J'en suis en
5 confusion pour lui. J'ai peine à me persuader que je puisse être véritablement sa fille, et je crois que quelque aventure, un jour, me viendra développer[3] une naissance plus illustre.

CATHOS.   Je le croirais bien ; oui, il y a toutes les appa-
10 rences du monde ; et pour moi, quand je me regarde aussi...

---

1. *elles sont achevées* : elles sont complètement folles. («*achevé*» s'emploie avec un adjectif tel que «fou», «ridicule», ou bien seul, le contexte suggérant le qualificatif ainsi renforcé.)
2. *ton père a la forme enfoncée dans la matière* : façon pédante de dénoncer la grossièreté d'esprit de Gorgibus. Dans la philosophie d'Aristote (384-322 av. J.-C.), la forme et la matière sont les deux principes qui composent tous les corps naturels. L'expression de Cathos s'emploie encore par plaisanterie.
3. *développer* : révéler.

Questions

Compréhension

1. *Dans quelles dispositions d'esprit Gorgibus est-il vis-à-vis de sa fille et de sa nièce? Que leur reproche-t-il? (sc. 3; sc. 4, l. 1-26)*

2. *Quels griefs Magdelon et Cathos ont-elles contre La Grange et Du Croisy?*

3. *Quelle conception du mariage Magdelon oppose-t-elle à son père? Où les deux jeunes filles l'ont-elles puisée? (l. 27-73)*

4. *Que critique, en outre, Cathos dans la façon de s'habiller des jeunes gens présentés par son oncle? (l. 73-85)*

5. *Pourquoi Cathos et Magdelon veulent-elles changer de nom? À quelle mode obéissent-elles?*

6. *Précisez la conception que Gorgibus se fait du mariage des filles (l. 1-26 et 107-126). De quels usages sociaux se réclame-t-il? (Cf. Mariage*.)*

7. *Quel sentiment Cathos professe-t-elle à l'égard du mariage? Magdelon paraît-elle le partager? Que demande-t-elle? Quel problème est posé?*

8. *Quel travers de caractère la scène 5 confirme-t-elle chez les jeunes filles?*

9. *Quelles sont les sources du comique dans ces scènes? Quelle en est la portée satirique?*

Écriture

10. *Étudiez le langage prêté à Magdelon et Cathos. Classez les faits qui relèvent, manifestement, de la mode précieuse. Comment Molière en tire-t-il des effets comiques?*

Mise en scène

11. *Quelles sont les étapes de l'affrontement des deux précieuses et de Gorgibus? les effets porteurs?*

12. *Imaginez la façon dont Magdelon et Cathos sont vêtues, dont elles parlent.*

SCÈNE 6. Marotte, Cathos, Magdelon

Marotte.   Voilà un laquais qui demande si vous êtes au logis, et dit que son maître vous veut venir voir.

Magdelon.   Apprenez, sotte, à vous énoncer moins vulgairement. Dites : «Voilà un nécessaire qui demande
5 si vous êtes en commodité d'être visibles.»

Marotte.   Dame! je n'entends• point le latin, et je n'ai pas appris, comme vous, la filofie dans *Le Grand Cyre*.

Magdelon.   L'impertinente! Le moyen de souffrir cela? Et qui est-il, le maître de ce laquais?

10 Marotte.   Il me l'a nommé le marquis de Mascarille.

Magdelon.   Ah! ma chère, un marquis! Oui, allez dire qu'on nous peut voir. C'est sans doute• un bel esprit• qui aura ouï parler de nous.

Cathos.   Assurément, ma chère.

15 Magdelon.   Il faut le recevoir dans cette salle basse[1], plutôt qu'en notre chambre. Ajustons un peu nos cheveux au moins, et soutenons notre réputation. Vite, venez nous tendre ici dedans le conseiller des grâces.

Marotte.   Par ma foi, je ne sais point quelle bête c'est
20 là : il faut parler chrétien, si vous voulez que je vous entende•.

Cathos.   Apportez-nous le miroir, ignorante que vous êtes, et gardez-vous bien d'en salir la glace par la communication de votre image.

---

1. *salle basse* : pièce du rez-de-chaussée. Normalement, les précieuses reçoivent dans une chambre d'apparat, au premier étage.

SCÈNE 7. MASCARILLE, DEUX PORTEURS[1]

MASCARILLE.   Holà, porteurs, holà! Là, là, là, là, là, là. Je pense que ces marauds-là ont dessein de me briser à force de heurter contre les murailles et les pavés.

1ᵉʳ PORTEUR.   Dame! c'est que la porte est étroite : vous
5   avez voulu aussi que nous soyons entrés jusqu'ici.

MASCARILLE.   Je le crois bien. Voudriez-vous, faquins[2], que j'exposasse l'embonpoint de mes plumes aux inclémences de la saison pluvieuse, et que j'allasse imprimer mes souliers en boue? Allez, ôtez votre chaise d'ici.

10   2ᵉ PORTEUR.   Payez-nous donc, s'il vous plaît, monsieur.

MASCARILLE.   Hem?

2ᵉ PORTEUR.   Je dis, monsieur, que vous nous donniez de l'argent, s'il vous plaît.

15   MASCARILLE, *lui donnant un soufflet.* Comment, coquin, demander de l'argent à une personne de ma qualité•!

2ᵉ PORTEUR.   Est-ce ainsi qu'on paye les pauvres gens? et votre qualité• nous donne-t-elle à dîner?

20   MASCARILLE.   Ah! ah! ah! je vous apprendrai à vous connaître•! Ces canailles-là s'osent jouer à moi[3].

1ᵉʳ PORTEUR, *prenant un des bâtons de sa chaise.*   Çà, payez-nous vitement.

MASCARILLE.   Quoi?

25   1ᵉʳ PORTEUR.   Je dis que je veux avoir de l'argent tout à l'heure•.

MASCARILLE.   Il est raisonnable.

1ᵉʳ PORTEUR.   Vite donc.

---

1. *Porteurs* : Mascarille fait son entrée dans une chaise à porteurs. On peut, depuis 1639, louer à la course une chaise à porteurs.
2. *faquins* : coquins.
3. *se jouer à moi* : se jouer de moi, se moquer de moi.

MASCARILLE.   Oui-da. Tu parles comme il faut, toi;
30 mais l'autre est un coquin qui ne sait ce qu'il dit. Tiens :
es-tu content?

1ᵉʳ PORTEUR.   Non, je ne suis pas content : vous avez
donné un soufflet à mon camarade, et... *(Levant son
bâton)*

35 MASCARILLE.   Doucement. Tiens, voilà pour le soufflet.
On obtient tout de moi quand on s'y prend de la bonne
façon. Allez, venez me reprendre tantôt pour aller au
Louvre, au petit coucher[1].

SCÈNE 8. MAROTTE, MASCARILLE

MAROTTE.   Monsieur, voilà mes maîtresses qui vont
venir tout à l'heure•.

MASCARILLE.   Qu'elles ne se pressent point : je suis ici
posté[2] commodément pour attendre.

5 MAROTTE.   Les voici.

---

1. *au petit coucher* : «*On appelle à la Cour le petit coucher l'intervalle de temps qui
est entre le bon soir qu'il [le Roi] donne à tout le monde étranger, et le moment où il se
couche effectivement, pendant lequel il demeure avec les officiers les plus nécessaires de sa
chambre, ou avec ceux qui ont un privilège particulier pour y rester.*» (Dictionnaire de
Furetière, 1690).
2. *posté* : installé (vocabulaire militaire).

Questions

Compréhension

1. *Quel effet comique est tiré du personnage de Marotte (sc. 6) ?*

2. *Que représente l'arrivée du marquis de Mascarille pour Magdelon et Cathos (sc. 6) ?*
Que devine le public sur l'identité de ce marquis, s'il a été attentif aux propos de La Grange à la fin de la scène 1 ?

3. *Quel type social le marquis de Mascarille incarne-t-il ? De quels traits de caractère et de comportement est-il la caricature ? (sc. 7 et 8).*

Écriture

4. *Étudiez, dans les rôles de Magdelon et de Cathos, la parodie du langage précieux.*

5. *À quel registre la scène 7 appartient-elle ? Expliquez dans le détail les effets comiques sur lesquels elle est bâtie.*

Mise en scène

6. *Étudiez le costume de Mascarille (joué par Molière), d'après la description qu'en donne un témoin du temps, Mlle Desjardins, auteur d'un Récit en prose et en vers de la farce des Précieuses (1660) : cf. texte cité p. 71 dans « Jugements et critiques ».*

Mascarille (Robert Manuel) ; Comédie-Française, avril 1960.

Cathos (Isabelle Gardien), Magdelon (Claude Mathieu), dans la mise en scène de J.-L. Boutté ; Comédie-Française, le 26 janvier 1993.

SCÈNE 9. Magdelon, Cathos, Mascarille, Almanzor

Mascarille, *après avoir salué.* Mesdames[1], vous serez surprises, sans doute•, de l'audace de ma visite ; mais votre réputation vous attire cette méchante• affaire, et le mérite a pour moi des charmes si puissants, que je cours
5 partout après lui.

Magdelon. Si vous poursuivez le mérite, ce n'est pas sur nos terres que vous devez chasser.

Cathos. Pour voir chez nous le mérite, il a fallu que vous l'y ayez amené.

10 Mascarille. Ah ! je m'inscris en faux[2] contre vos paroles. La renommée accuse juste en contant ce que vous valez ; et vous allez faire pic, repic et capot[3] tout ce qu'il y a de galant• dans Paris.

Magdelon. Votre complaisance pousse un peu trop
15 avant la libéralité de ses louanges ; et nous n'avons garde, ma cousine et moi, de donner de notre sérieux dans le doux de votre flatterie.

Cathos. Ma chère, il faudrait faire donner des sièges.

---

1. *Mesdames* : on appelle ainsi, au XVIIᵉ siècle, toutes les femmes de la bonne société, mariées ou non.
2. *je m'inscris en faux* : l'expression, à l'origine, appartient à la langue juridique.
3. *faire pic, repic et capot* : termes du jeu de piquet.

MAGDELON.   Holà, Almanzor !

20   **ALMANZOR.**   Madame.

MAGDELON.   Vite, voiturez-nous ici les commodités de la conversation[1].

MASCARILLE.   Mais au moins, y a-t-il sûreté ici pour moi ?

25   **CATHOS.**   Que craignez-vous ?

MASCARILLE.   Quelque vol de mon cœur, quelque assassinat de ma franchise[2]. Je vois ici des yeux qui ont la mine d'être de fort mauvais garçons[3], de faire insulte aux libertés, et de traiter une âme de Turc à More[4]. Com-
30   ment diable, d'abord• qu'on les approche, ils se mettent sur leur garde meurtrière[5] ? Ah ! par ma foi, je m'en défie, et je m'en vais gagner au pied[6], ou je veux caution bourgeoise[7] qu'ils ne me feront point de mal.

MAGDELON.   Ma chère, c'est le caractère enjoué[8].

35   **CATHOS.**   Je vois bien que c'est un Amilcar[9].

MAGDELON.   Ne craignez rien : nos yeux n'ont point de mauvais desseins, et votre cœur peut dormir en assurance sur leur prud'homie[10].

CATHOS.   Mais de grâce, Monsieur, ne soyez pas inexo-
40   rable à ce fauteuil qui vous tend les bras il y a un quart d'heure ; contentez un peu l'envie qu'il a de vous embrasser.

---

1. *commodités de la conversation* : périphrase voisine de l'expression «chaises de commodités» (= cabinets), d'où son burlesque.
2. *franchise* : liberté (voc. galant).
3. *mauvais garçons* : brigands.
4. *traiter de Turc à More* : «agir avec quelqu'un dans la dernière rigueur, ne lui relâcher rien». (Furetière).
5. *ils se mettent sur leur garde meurtrière* : en escrime, «se mettre en garde» est adopter une position de défense. Mascarille qualifie paradoxalement cette position en la disant «meurtrière» : alliance de mots piquante, pointe précieuse.
6. *gagner au pied* : «prendre la fuite» (Furetière).
7. *caution bourgeoise* : garantie sérieuse.
8. et 9. *le caractère enjoué* : un des types de caractère définis dans *Clélie* de Mlle de Scudéry : *Amilcar* y est un Carthaginois d'humeur galante, le modèle de l'amant• agréable, par opposition à l'amant violent et incivil représenté par le Romain Horatius Coclès.
10. *en assurance sur leur prud'homie* : en se fiant à leur loyauté.

MASCARILLE, *après s'être peigné*[1] *et avoir ajusté ses canons*[2]. Eh bien, Mesdames, que dites-vous de Paris ?

45 MAGDELON. Hélas! qu'en pourrions-nous dire ? Il faudrait être l'antipode de la raison, pour ne pas confesser que Paris est le grand bureau des merveilles, le centre du bon goût, du bel esprit• et de la galanterie•.

MASCARILLE. Pour moi, je tiens que hors de Paris il n'y
50 a point de salut pour les honnêtes gens•.

CATHOS. C'est une vérité incontestable.

MASCARILLE. Il y fait un peu crotté ; mais nous avons la chaise.

MAGDELON. Il est vrai que la chaise est un retranche-
55 ment merveilleux contre les insultes de la boue et du mauvais temps.

MASCARILLE. Vous recevez beaucoup de visites ? Quel bel esprit est des vôtres ?

MAGDELON. Hélas ! nous ne sommes pas encore
60 connues ; mais nous sommes en passe de l'être, et nous avons une amie particulière qui nous a promis d'amener ici tous ces Messieurs du *Recueil des pièces choisies*[3].

CATHOS. Et certains autres qu'on nous a nommés aussi pour être[4] les arbitres souverains des belles choses.

65 MASCARILLE. C'est moi qui ferai votre affaire mieux que personne : ils me rendent tous visite ; et je puis dire que je ne me lève jamais sans une demi-douzaine de beaux esprits[5].

MAGDELON. Eh! mon Dieu, nous vous serons obligées

---

1. *après s'être peigné* : «*Après que vous serez assis et que vous aurez fait vos premiers compliments, il sera bienséant d'ôter le gant de votre main droite et de tirer de votre poche un grand peigne de corne, dont les dents soient fort éloignées l'une de l'autre, et de peigner doucement vos cheveux, soit qu'ils soient naturels ou empruntés.*» Charles Sorel, *Les Lois de la galanterie*, éd. de 1658).

2. cf. note 4 p. 20.

3. *Recueil des pièces choisies* : recueil collectif de «*MM. Corneille, Benserade, de Scudéry, Boisrobert, et quelques autres*», paru en 1653, réédité en 1657.

4. *pour être* : comme étant.

5. *je ne me lève jamais sans une demi-douzaine de beaux esprits* : Mascarille s'attribue une vie de grand seigneur qui donne audience dès son «lever».

70 de la dernière obligation si vous nous faites cette amitié ;
car enfin il faut avoir la connaissance de tous ces mes-
sieurs-là si l'on veut être du beau monde. Ce sont ceux
qui donnent le branle[1] à la réputation dans Paris, et vous
savez qu'il y en a tel dont il ne faut que la seule fréquen-
75 tation pour vous donner bruit[2] de connaisseuse, quand il
n'y aurait rien autre chose que cela. Mais pour moi, ce
que je considère[3] particulièrement, c'est que, par le
moyen de ces visites spirituelles[4], on est instruite de
cent choses qu'il faut savoir de nécessité, et qui sont de
80 l'essence d'un bel esprit•. On apprend par là chaque
jour les petites nouvelles galantes•, les jolis commerces[5]
de prose et de vers. On sait à point nommé : « Un tel a
composé la plus jolie pièce du monde sur un tel sujet ;
une telle a fait des paroles sur un tel air ; celui-ci a fait un
85 madrigal[6] sur une jouissance ; celui-là a composé des
stances[7] sur une infidélité ; monsieur un tel écrivit hier
au soir un sixain à mademoiselle une telle, dont elle lui a
envoyé la réponse ce matin sur les huit heures ; un tel
auteur a fait un tel dessein[8], celui-là en est à la troisième
90 partie de son roman ; cet autre met ses ouvrages sous la
presse. » C'est là ce qui vous fait valoir dans les compa-
gnies ; et si l'on ignore ces choses, je ne donnerais pas
un clou de tout l'esprit qu'on peut avoir.

CATHOS.   En effet, je trouve que c'est renchérir sur le
95 ridicule, qu'une personne se pique d'esprit et ne sache
pas jusqu'au moindre petit quatrain qui se fait chaque
jour ; et pour moi, j'aurais toutes les hontes du monde
s'il fallait qu'on vînt à me demander si j'aurais vu quelque chose de nouveau que je n'aurais pas vu.

---

1. *ceux qui donnent le branle* : ceux qui donnent son mouvement.
2. *bruit* : réputation.
3. *ce que je considère* : ce que j'apprécie.
4. *visites spirituelles* : visites de beaux esprits.
5. *commerces* : échanges.
6. *madrigal* : de l'italien *«madrigale»*, petite poésie galante.
7. *stances* : de l'italien *«stanza»*, poème lyrique d'inspiration grave, divisé en strophes.
8. *un tel auteur a fait un tel dessein* : tel auteur a fait tel dessein (= plan).

100 MASCARILLE.   Il est vrai qu'il est honteux de n'avoir pas des premiers tout ce qui se fait ; mais ne vous mettez pas en peine : je veux établir chez vous une académie de beaux esprits, et je vous promets qu'il ne se fera pas un bout de vers dans Paris que vous ne sachiez par cœur
105 avant tous les autres. Pour moi, tel que vous me voyez, je m'en escrime un peu quand je veux ; et vous verrez courir de ma façon, dans les belles ruelles[1] de Paris, deux cents chansons, autant de sonnets, quatre cents épigrammes et plus de mille madrigaux[2], sans compter les
110 énigmes[3] et les portraits[4].

MAGDELON.   Je vous avoue que je suis furieusement pour les portraits ; je ne vois rien de si galant• que cela.

MASCARILLE.   Les portraits sont difficiles, et demandent un esprit profond : vous en verrez de ma manière qui ne
115 vous déplairont pas.

CATHOS.   Pour moi, j'aime terriblement les énigmes.

MASCARILLE.   Cela exerce l'esprit, et j'en ai fait quatre encore ce matin, que je vous donnerai à deviner.

MAGDELON.   Les madrigaux sont agréables, quand ils
120 sont bien tournés.

MASCARILLE.   C'est mon talent particulier ; et je travaille à mettre en madrigaux toute l'histoire romaine.

MAGDELON.   Ah ! certes, cela sera du dernier beau. J'en retiens un exemplaire au moins, si vous le faites impri-
125 mer.

MASCARILLE.   Je vous en promets à chacune un, et des

---

1.   ruelles : « Ruelle se dit [...] de l'espace qu'on laisse entre un lit et la muraille. Ruelle se dit aussi des alcôves et des lieux parés où les dames reçoivent leurs visites, soit dans le lit soit sur des sièges. Les galants se piquent d'être gens de ruelles [...]. Les poètes vont lire leurs ouvrages dans les ruelles pour briguer l'approbation des dames. » (Furetière).
2.   madrigaux : rappelons qu'il s'agit de petits poèmes galants.
3.   énigmes : l'abbé Cotin vient de publier un Discours sur les énigmes, suivi de 90 énigmes, dans ses Œuvres mêlées (avril 1659).
4.   portraits : les romans de Mlle de Scudéry ont mis les portraits à la mode. Charles Sorel vient de publier en 1659 La Description de l'île de Portraiture et de la ville des Portraits qui est, écrit-il, « une satire [...] contre quantité de personnes [...] qui n'étaient plus occupées qu'à faire les portraits par écrit des uns et des autres».

mieux reliés. Cela est au-dessous de ma condition[1], mais je le fais seulement pour donner à gagner aux libraires qui me persécutent.

130 MAGDELON.   Je m'imagine que le plaisir est grand de se voir imprimé.

MASCARILLE.   Sans doute[*]. Mais à propos, il faut que je vous die[2] un impromptu[3] que je fis hier chez une duchesse de mes amies que je fus visiter ; car je suis
135 diablement fort sur les impromptus.

CATHOS.   L'impromptu est justement la pierre de touche de l'esprit.

MASCARILLE.   Écoutez donc.

MAGDELON.   Nous y sommes de toutes nos oreilles.

140 MASCARILLE.
        Oh, oh ! je n'y prenais pas garde :
        Tandis que, sans songer à mal, je vous regarde,
        Votre œil en tapinois me dérobe mon cœur,
        Au voleur, au voleur, au voleur, au voleur !

145 CATHOS.   Ah ! mon Dieu ! voilà qui est poussé[4] dans le dernier galant[*].

MASCARILLE.   Tout ce que je fais a l'air cavalier, cela ne sent point le pédant.

MAGDELON.   Il en est éloigné[5] de plus de deux mille
150 lieues.

MASCARILLE.   Avez-vous remarqué ce commencement : *Oh, oh* ? Voilà qui est extraordinaire : *oh, oh* ! Comme un homme qui s'avise tout d'un coup : *oh, oh* ! La surprise : *oh, oh* !

155 MAGDELON.   Oui, je trouve ce *oh, oh* ! admirable.

MASCARILLE.   Il semble que cela ne soit rien.

---

1. *au-dessous de ma condition* : un homme de qualité[*] ne veut pas paraître s'abaisser au métier d'auteur.
2. *que je vous die* : que je vous dise (forme ancienne du subjonctif).
3. *un impromptu* : court poème improvisé.
4. *poussé* : exprimé.
5. *il en est éloigné* : cela en est éloigné.

CATHOS.   Ah! mon Dieu, que dites-vous? Ce sont là de ces sortes de choses qui ne se peuvent payer.

MAGDELON.   Sans doute•; et j'aimerais mieux avoir fait
160 ce *oh, oh!* qu'un poème épique.

MASCARILLE.   Tudieu! vous avez le goût bon.

MAGDELON.   Eh! je ne l'ai pas tout à fait mauvais.

MASCARILLE.   Mais n'admirez-vous pas aussi *je n'y prenais pas garde? Je n'y prenais pas garde,* je ne m'aperce-
165 vais pas de cela : façon de parler naturelle, *je n'y prenais pas garde. Tandis que sans songer à mal,* tandis qu'innocemment, sans malice, comme un pauvre mouton; *je vous regarde,* c'est-à-dire, je m'amuse à vous considérer, je vous observe, je vous contemple; *Votre œil en tapi-*
170 *nois...* Que vous semble de ce mot *tapinois?* n'est-il pas bien choisi?

CATHOS.   Tout à fait bien.

MASCARILLE.   *Tapinois,* en cachette : il semble que ce soit un chat qui vienne de prendre une souris : *tapinois.*

175 MAGDELON.   Il ne se peut rien de mieux.

MASCARILLE.   *Me dérobe mon cœur,* me l'emporte, me le ravit. *Au voleur, au voleur, au voleur, au voleur!* Ne diriez-vous pas que c'est un homme qui crie et court après un voleur pour le faire arrêter? *Au voleur, au*
180 *voleur, au voleur, au voleur!*

MAGDELON.   Il faut avouer que cela a un tour spirituel et galant•.

MASCARILLE.   Je veux vous dire l'air que j'ai fait dessus.

CATHOS.   Vous avez appris la musique?

185 MASCARILLE.   Moi? Point du tout.

CATHOS.   Et comment donc cela se peut-il?

MASCARILLE.   Les gens de qualité• savent tout sans avoir jamais rien appris.

MAGDELON.   Assurément, ma chère.

190 MASCARILLE.   Écoutez si vous trouverez l'air à votre goût. *Hem, hem. La, la, la, la, la.* La brutalité de la saison a furieusement outragé la délicatesse de ma voix; mais il n'importe, c'est à la cavalière. *(Il chante.)*
        Oh, oh! je n'y prenais pas...

195 CATHOS.   Ah! que voilà un air qui est passionné! Est-ce qu'on n'en meurt point?

MAGDELON.   Il y a de la chromatique[1] là-dedans.

MASCARILLE.   Ne trouvez-vous pas la pensée bien exprimée dans le chant? *Au voleur!...* Et puis, comme
200 si l'on criait bien fort : *au, au, au, au, au, au voleur!* Et tout d'un coup, comme une personne essoufflée : *au voleur!*

MAGDELON.   C'est là savoir le fin des choses, le grand fin, le fin du fin. Tout est merveilleux, je vous assure; je
205 suis enthousiasmée de l'air et des paroles.

CATHOS.   Je n'ai encore rien vu de cette force-là.

MASCARILLE.   Tout ce que je fais me vient naturellement, c'est sans étude.

MAGDELON.   La nature vous a traité en vraie mère pas-
210 sionnée, et vous en êtes l'enfant gâté.

MASCARILLE.   À quoi donc passez-vous le temps?

CATHOS.   À rien du tout.

MAGDELON.   Nous avons été jusqu'ici dans un jeûne effroyable de divertissements.

215 MASCARILLE.   Je m'offre à vous mener l'un de ces jours à la comédie[2], si vous voulez; aussi bien on en doit jouer une nouvelle que je serai bien aise que nous voyions ensemble.

MAGDELON.   Cela n'est pas de refus.

220 MASCARILLE.   Mais je vous demande d'applaudir comme il faut, quand nous serons là; car je me suis engagé de faire valoir la pièce, et l'auteur m'en est venu prier encore ce matin. C'est la coutume ici qu'à nous autres, gens de condition•, les auteurs viennent lire leurs
225 pièces nouvelles pour nous engager à les trouver belles,

---

1. *chromatique* : type de gamme sur lequel dissertent alors les théoriciens. On ignore sur quel air chantait Mascarille-Molière. Magdelon utilise un terme à la mode pour dire son admiration.
2. *à la comédie* : au théâtre.

et leur donner de la réputation ; et je vous laisse à penser si, quand nous disons quelque chose, le parterre ose nous contredire. Pour moi, j'y suis fort exact ; et quand j'ai promis à quelque poète, je crie toujours : «Voilà qui
230 est beau», devant que[1] les chandelles soient allumées.

MAGDELON. Ne m'en parlez point : c'est un admirable lieu que Paris ; il s'y passe cent choses tous les jours qu'on ignore dans les provinces, quelque spirituelle qu'on puisse être.

235 CATHOS. C'est assez : puisque nous sommes instruites, nous ferons notre devoir de nous écrier[2] comme il faut sur tout ce qu'on dira.

MASCARILLE. Je ne sais si je me trompe, mais vous avez toute la mine d'avoir fait quelque comédie.

240 MAGDELON. Eh! il pourrait être quelque chose de ce que vous dites.

MASCARILLE. Ah! ma foi, il faudra que nous la voyions. Entre nous, j'en ai composé une que je veux faire représenter.

245 CATHOS. Hé! à quels comédiens la donnerez-vous ?

MASCARILLE. Belle demande! Aux Grands Comédiens[3]. Il n'y a qu'eux qui soient capables de faire valoir les choses ; les autres sont des ignorants qui récitent comme l'on parle ; ils ne savent pas faire ronfler les
250 vers, et s'arrêter au bel endroit ; et le moyen de connaître où est le beau vers, si le comédien ne s'y arrête, et ne vous avertit par là qu'il faut faire le brouhaha[4] ?

CATHOS. En effet, il y a manière de faire sentir aux
255 auditeurs les beautés d'un ouvrage ; et les choses ne valent que ce qu'on les fait valoir.

---

1. *devant que* : avant que.
2. *nous écrier* : crier notre admiration.
3. *Grands Comédiens* : désignation courante des Comédiens de l'Hôtel de Bourgogne. Cf. «Jouer à Paris en 1659», p. 62. Molière se moquera à nouveau de leur emphase dans *L'Impromptu de Versailles*, sc. 1, en 1663.
4. *faire le brouhaha* : manifester bruyamment son approbation, applaudir.

MASCARILLE.

Attachez un peu sur ces gants la réflexion de votre odorat.

Les Précieuses ridicules. Sc. 12.

Gravure de Jean-Michel Moreau, dit Moreau le Jeune ;
Paris, Renouard, 1814 (Paris, bib. de l'Arsenal, fonds Rondel).

Cathos (Isabelle Gardien), Magdelon (Claude Mathieu), Mascarille (Thierry Hancisse),
dans la mise en scène de J.-L. Boutté ; Comédie-Française, le 26 janvier 1993.

MASCARILLE. Que vous semble de ma petite-oie[1]? La trouvez-vous congruante[2] à l'habit?

CATHOS. Tout à fait.

260 MASCARILLE. Le ruban est bien choisi.

MAGDELON. Furieusement bien. C'est Perdrigeon[3] tout pur.

MASCARILLE. Que dites-vous de mes canons?

MAGDELON. Ils ont tout à fait bon air.

265 MASCARILLE. Je puis me vanter au moins qu'ils ont un grand quartier[4] plus que tous ceux qu'on fait.

MAGDELON. Il faut avouer que je n'ai jamais vu porter si haut l'élégance de l'ajustement.

MASCARILLE. Attachez un peu sur ces gants la réflexion 270 de votre odorat.

MAGDELON. Ils sentent terriblement bon.

CATHOS. Je n'ai jamais respiré une odeur mieux conditionnée.

MASCARILLE. Et celle-là[5]?

275 MAGDELON. Elle est tout à fait de qualité•; le sublime[6] en est touché délicieusement.

MASCARILLE. Vous ne me dites rien de mes plumes: comment les trouvez-vous?

CATHOS. Effroyablement belles.

280 MASCARILLE. Savez-vous que le brin me coûte un louis d'or? Pour moi, j'ai cette manie de vouloir donner généralement sur tout ce qu'il y a de plus beau.

---

1. *petite-oie* : « On appelle [...] *petite oie* les rubans, les bas, le chapeau, les gants, et tout ce qu'il faut pour assortir un habit. » (*Dictionnaire de l'Académie*, 1694). Cette expression imagée s'emploie au moins depuis 1640. Au propre, la « *petite-oie* » est « ce qu'on retranche d'une oie quand on l'habille [= la prépare] pour la faire rôtir... » (Furetière, 1690).
2. *congruante* : assortie.
3. *Perdrigeon* : marchand mercier à la mode.
4. *quartier* : quart d'aune, soit 30 centimètres environ.
5. *Et celle-là ?* : l'édition de 1682 indique ce jeu de scène : « Il donne à sentir les cheveux poudrés de sa perruque. »
6. *le sublime* : le cerveau.

MAGDELON. Je vous assure que nous sympathisons[1], vous et moi : j'ai une délicatesse furieuse pour tout ce que je porte ; et jusqu'à mes chaussettes[2], je ne puis rien souffrir qui ne soit de la bonne ouvrière.

MASCARILLE, *s'écriant brusquement.* Ahi, ahi, ahi, doucement ! Dieu me damne, mesdames, c'est fort mal en user ; j'ai à me plaindre de votre procédé ; cela n'est pas honnête.

CATHOS. Qu'est-ce donc ? qu'avez-vous ?

MASCARILLE. Quoi ? toutes deux contre mon cœur, en même temps ! m'attaquer à droit[3] et à gauche ! Ah ! c'est contre le droit des gens, la partie n'est pas égale ; et je m'en vais crier au meurtre.

CATHOS. Il faut avouer qu'il dit les choses d'une manière particulière.

MAGDELON. Il a un tour admirable dans l'esprit.

CATHOS. Vous avez plus de peur que de mal, et votre cœur crie avant qu'on l'écorche.

MASCARILLE. Comment diable ! il est écorché depuis la tête jusqu'aux pieds.

---

1. *nous sympathisons* : le mot est alors nouveau et affecté.
2. *chaussettes* : « *Bas de toile qu'on met par-dessous la chausse ou le bas de soie ou de drap.* » (Dictionnaire de Furetière, 1690).
3. *à droit* : à droite.

Questions

Compréhension

1. *Quels sont la matière et le ton des premiers propos de Mascarille avant qu'il ne s'asseye (l. 1-42) ? Quelle impression fait-il sur les deux «pecques provinciales» ? Comment s'appliquent-elles à lui répondre ?*

2. *Distinguez les thèmes de la conversation qui suit. Qu'est-ce qui en fait le lien ? (l. 45-302).*

3. *De quelle tournure de caractère Mascarille y fait-il preuve ? Et Cathos et Magdelon ? Qu'ont-ils en commun ?*

4. *De quels types sociaux sont-ils la caricature ? Précisez les usages mondains et littéraires dont Molière fait la satire. Expliquez le sens de l'éloge que Mascarille fait des «Grands Comédiens» (l. 246-252).*

5. *À quoi sent-on que cette scène est une charge ? Quel rôle la personnalité de Mascarille et celles de Cathos et de Magdelon y jouent-elles ?*

Écriture

6. *Étudiez, dans la première partie (l. 1-41), la façon dont s'expriment les trois personnages (vocabulaire, figures de style, syntaxe). Relevez les outrances de portée parodique.*

7. *Étudiez le comique de l'épisode de l'impromptu (l. 132-210).*

8. *Relevez, dans la dernière partie de la scène (l. 287-302), les métaphores qui s'enchaînent et appréciez leur qualité et leur effet.*

Mise en scène

9. *Imaginez l'expression scénique du comique de la mode et des usages de politesse, en vous fondant sur le texte et sur la description du costume sous lequel Molière jouait Mascarille (cf. Mlle Desjardins, Récits en prose et en vers de la farce des Précieuses, extrait cité, p. 71).*

SCÈNE 10. Marotte, Mascarille, Cathos, Magdelon

MAROTTE.   Madame, on demande à vous voir.

MAGDELON.   Qui ?

MAROTTE.   Le vicomte de Jodelet.

MASCARILLE.   Le vicomte de Jodelet ?

5   MAROTTE.   Oui, monsieur.

CATHOS.   Le connaissez-vous ?

MASCARILLE.   C'est mon meilleur ami.

MAGDELON.   Faites entrer vitement.

MASCARILLE.   Il y a quelque temps que nous ne nous
10   sommes vus, et je suis ravi de cette aventure.

CATHOS.   Le voici.

SCÈNE 11. Jodelet, Mascarille, Cathos, Magdelon, Marotte

MASCARILLE.   Ah ! vicomte !

JODELET, *s'embrassant*[1] *l'un l'autre*.   Ah ! marquis !

MASCARILLE.   Que je suis aise de te rencontrer !

JODELET.   Que j'ai de joie de te voir ici !

5   MASCARILLE.   Baise-moi donc encore un peu, je te prie.

---

1. *s'embrassant* : usage à la mode, que Molière raille aussi dans *Les Fâcheux*, I, 1,
v. 39-46 et dans *Le Misanthrope*, I, 1, v. 17-24, et I, 2, v. 273-274.

MAGDELON. Ma toute bonne, nous commençons d'être connues ; voilà le beau monde qui prend le chemin de nous venir voir.

MASCARILLE. Mesdames, agréez que je vous présente
10 ce gentilhomme-ci : sur ma parole, il est digne d'être connu de vous.

JODELET. Il est juste de venir vous rendre ce qu'on vous doit ; et vos attraits exigent leurs droits seigneuriaux sur toutes sortes de personnes.

15 MAGDELON. C'est pousser vos civilités jusqu'aux derniers confins de la flatterie.

CATHOS. Cette journée doit être marquée dans notre almanach comme une journée bienheureuse.

MAGDELON, à *Almanzor*. Allons, petit garçon[1], faut-il
20 toujours vous répéter les choses ? Voyez-vous pas qu'il faut le surcroît d'un fauteuil ?

MASCARILLE. Ne vous étonnez pas de voir le vicomte de la sorte : il ne fait que sortir d'une maladie qui lui a rendu le visage pâle[2] comme vous le voyez.

25 JODELET. Ce sont fruits des veilles de la cour et des fatigues de la guerre.

MASCARILLE. Savez-vous, mesdames, que vous voyez dans le vicomte un des plus vaillants hommes du siècle ? C'est un brave à trois poils[3].

30 JODELET. Vous ne m'en devez rien[4], marquis ; et nous savons ce que vous savez faire aussi.

MASCARILLE. Il est vrai que nous nous sommes vus tous deux dans l'occasion.

JODELET. Et dans des lieux où il faisait fort chaud.

---

1. *petit garçon* : façon de s'adresser à un petit laquais.
2. *le visage pâle* : Jodelet jouait le visage enfariné, selon l'usage des anciens farceurs français, d'où son surnom d'Enfariné. Les farceurs italiens, eux, portaient des demi-masques.
3. *un brave à trois poils* : c'est d'ordinaire le velours qui, selon sa qualité, est dit à trois poils ou quatre poils (d'après Furetière).
4. *vous ne m'en devez rien* : vous n'êtes pas en reste.

35 MASCARILLE, *les regardant toutes deux.* Oui ; mais non pas si chaud qu'ici. Hay ! hay, hay !

JODELET. Notre connaissance s'est faite à l'armée ; et la première fois que nous nous vîmes il commandait un régiment de cavalerie sur les galères de Malte[1].

40 MASCARILLE. Il est vrai ; mais vous étiez pourtant dans l'emploi avant que j'y fusse ; et je me souviens que je n'étais que petit officier encore, que vous commandiez deux mille chevaux.

JODELET. La guerre est une belle chose ; mais, ma foi,
45 la cour récompense bien mal aujourd'hui les gens de service[2] comme nous.

MASCARILLE. C'est ce qui fait que je veux pendre l'épée au croc.

CATHOS. Pour moi, j'ai un furieux tendre pour les
50 hommes d'épée.

MAGDELON. Je les aime aussi ; mais je veux que l'esprit assaisonne la bravoure.

MASCARILLE. Te souvient-il, vicomte, de cette demi-lune que nous emportâmes sur les ennemis au siège
55 d'Arras[3] ?

JODELET. Que veux-tu dire avec ta demi-lune ? C'était bien une lune tout entière[4].

MASCARILLE. Je pense que tu as raison.

JODELET. Il m'en doit bien souvenir, ma foi : j'y fus
60 blessé à la jambe d'un coup de grenade, dont je porte encore les marques. Tâtez un peu, de grâce ; vous sentirez quelque coup, c'était là.

CATHOS, *après avoir touché l'endroit.* Il est vrai que la cicatrice est grande.

---

1. *les galères de Malte* : les galères de l'ordre de Malte. Les chevaliers de Malte n'avaient pas de cavalerie sur leurs galères.
2. *gens de service* : expression à double sens dans ce contexte, car elle peut désigner les officiers et les domestiques.
3. *au siège d'Arras* : Arras a été prise aux Espagnols en 1640.
4. *une lune tout entière* : dans les ouvrages de fortification, il existe seulement des demi-lunes.

65 MASCARILLE.   Donnez-moi un peu votre main, et tâtez celui-ci là, justement au derrière de la tête : y êtes-vous ?

MAGDELON.   Oui : je sens quelque chose.

MASCARILLE.   C'est un coup de mousquet que je reçus la dernière campagne que j'ai faite.

70 JODELET, *découvrant sa poitrine.*   Voici un autre coup qui me perça de part en part à l'attaque de Gravelines[1].

MASCARILLE, *mettant la main sur le bouton de son haut-de-chausses.*   Je vais vous montrer une furieuse plaie.

MAGDELON.   Il n'est pas nécessaire : nous le croyons 75 sans y regarder.

MASCARILLE.   Ce sont des marques honorables, qui font voir ce qu'on est.

CATHOS.   Nous ne doutons point de ce que vous êtes.

MASCARILLE.   Vicomte, as-tu là ton carrosse ?

80 JODELET.   Pourquoi ?

MASCARILLE.   Nous mènerions promener ces dames hors des portes[2] et leur donnerions un cadeau[3].

MAGDELON.   Nous ne saurions sortir aujourd'hui.

MASCARILLE.   Ayons donc les violons pour danser.

85 JODELET.   Ma foi, c'est bien avisé.

MAGDELON.   Pour cela, nous y consentons ; mais il faut donc quelque surcroît de compagnie.

MASCARILLE.   Holà ! Champagne, Picard, Bourguignon, Casquaret, Basque, la Verdure, Lorrain, Provençal, la 90 Violette ! Au diable soient tous les laquais ! Je ne pense pas qu'il y ait gentilhomme en France plus mal servi que moi. Ces canailles me laissent toujours seul.

MAGDELON.   Almanzor, dites aux gens• de Monsieur qu'ils aillent quérir des violons et nous faites venir ces

---

1. *Gravelines* : autre place disputée aux Espagnols en 1644 et 1658.
2. *hors des portes* : il est à la mode d'aller ainsi vers Chaillot ou vers le bois de Vincennes.
3. *cadeau* : repas champêtre (offert à des dames).

95 Messieurs et ces Dames d'ici près, pour peupler la solitude de notre bal.

MASCARILLE.   Vicomte, que dis-tu de ces yeux ?

JODELET.   Mais toi-même, Marquis, que t'en semble ?

MASCARILLE.   Moi, je dis que nos libertés auront peine à
100 sortir d'ici les braies nettes[1]. Au moins, pour moi, je reçois d'étranges secousses, et mon cœur ne tient plus qu'à un filet[2].

MAGDELON.   Que tout ce qu'il dit est naturel ! Il tourne les choses le plus agréablement du monde.

105 CATHOS.   Il est vrai qu'il fait une furieuse dépense en esprit.

MASCARILLE.   Pour vous montrer que je suis véritable[3], je veux faire un impromptu là-dessus.

CATHOS.   Eh ! je vous en conjure de toute la dévotion
110 de mon cœur : que nous oyions quelque chose qu'on ait fait pour nous.

JODELET.   J'aurais envie d'en faire autant ; mais je me trouve un peu incommodé de la veine poétique, pour[4] la quantité des saignées que j'y ai faites ces jours passés.

115 MASCARILLE.   Que diable est-ce là ? Je fais toujours bien le premier vers ; mais j'ai peine à faire les autres. Ma foi, ceci est un peu trop pressé : je vous ferai un impromptu à loisir, que vous trouverez le plus beau du monde.

JODELET.   Il a de l'esprit comme un démon.

120 MAGDELON.   Et du galant*, et du bien tourné.

MASCARILLE.   Vicomte, dis-moi un peu, y a-t-il longtemps que tu n'as vu la Comtesse ?

JODELET.   Il y a plus de trois semaines que je ne lui ai rendu visite.

---

1. *les braies nettes* : sans qu'il nous arrive malheur (locution proverbiale où subsiste l'ancien nom de la culotte gauloise et médiévale).
2. *à un filet* : à un petit fil. On dit encore : «Cela ne tient qu'à un fil».
3. *véritable* : sincère.
4. *pour* : à cause de.

125 MASCARILLE.   Sais-tu bien que le Duc m'est venu voir ce matin, et m'a voulu mener à la campagne courir un cerf avec lui?

MAGDELON.   Voici nos amies qui viennent.

Jodelet. Gravure de Mariette XVIIe siècle, Paris, bib. de l'Arsenal, inv. Rondelet.

Questions

Compréhension

1. *Que signifie pour le public de 1659 l'annonce du vicomte de Jodelet (cf. «Personnages», p. 12, note 9)?*

2. *Quel usage des gentilshommes le faux marquis et le faux vicomte imitent-ils lorsqu'ils s'abordent (sc. 11, l. 1-5)? Par quel sujet de conversation éblouissent-ils Cathos et Magdelon (l. 9-52)?*

3. *Quelles outrances des deux compères sont destinées à faire rire le public? Quel effet ont-elles sur les deux précieuses (l. 37-77)?*

4. *À quels moyens Mascarille recourt-il ensuite pour séduire les jeunes filles (l. 79-96)? Comment meuble-t-il la conversation en attendant les violons (l. 97-127)? De quoi les précieuses lui font-elles compliment? Ces compliments vous paraissent-ils mérités?*

Écriture

5. *Étudiez, dans la scène 11, la caricature du style précieux.*

6. *Quelles plaisanteries viennent contraster avec le style précieux?*

Mise en scène

7. *Quel ton et quel rythme nouveau Jodelet introduit-il dans l'action? Notez les effets comiques fondés sur le caractère conventionnel de ce personnage bien connu du public de 1659 (cf. Valet*).*

8. *Établissez le découpage de l'épisode et le repérage des effets sur lesquels il est construit. Qui mène le jeu?*

SCÈNE 12. JODELET, MASCARILLE, CATHOS,
MAGDELON, MAROTTE, LUCILE, CÉLIMÈNE,
ALMANZOR, VIOLONS

MAGDELON.   Mon Dieu, mes chères, nous vous demandons pardon. Ces Messieurs ont eu fantaisie de nous
donner les âmes des pieds ; et nous vous avons envoyé
quérir pour remplir les vides de notre assemblée.

5   LUCILE.   Vous nous avez obligées, sans doute*.

MASCARILLE.   Ce n'est ici qu'un bal à la hâte ; mais l'un
de ces jours nous vous en donnerons un dans les formes.
Les violons sont-ils venus ?

ALMANZOR.   Oui, Monsieur ; ils sont ici.

10   CATHOS.   Allons donc, mes chères, prenez place.

MASCARILLE, *dansant lui seul comme par prélude.*   La, la,
la, la, la, la, la, la.

MAGDELON.   Il a la taille tout à fait élégante.

CATHOS.   Et a la mine de danser proprement[1].

15   MASCARILLE, *ayant pris Magdelon pour danser.*   Ma franchise[2] va danser la courante[3] aussi bien que mes pieds.
En cadence, violons, en cadence. Oh ! quels ignorants !
Il n'y a pas moyen de danser avec eux. Le diable vous
emporte ! ne sauriez-vous jouer en mesure ? La, la, la, la,
20   la, la, la, la. Ferme, ô violons de village.

JODELET, *dansant ensuite.*   Holà ! ne pressez pas si fort la
cadence : je ne fais que sortir de maladie.

---

1. *proprement* : élégamment.
2. *franchise* : liberté (voc. galant).
3. *courante* : danse à la mode.

SCÈNE 13. LES MÊMES, DU CROISY, LA GRANGE, MASCARILLE

LA GRANGE, *un bâton à la main.*   Ah! ah! coquins, que faites-vous ici? Il y a trois heures que nous vous cherchons.

MASCARILLE, *se sentant battre.*   Ahy! ahy! ahy! vous ne
5   m'aviez pas dit que les coups en seraient aussi.

JODELET.   Ahy! ahy! ahy!

LA GRANGE.   C'est bien à vous, infâme que vous êtes, à vouloir faire l'homme d'importance.

DU CROISY.   Voilà   qui   vous   apprendra   à   vous
10   connaître•.

(Ils sortent.)

SCÈNE 14. MASCARILLE, JODELET, CATHOS, MAGDELON, MAROTTE, LUCILE, CÉLIMÈNE, VIOLONS

MAGDELON.   Que veut donc dire ceci?

JODELET.   C'est une gageure[1].

CATHOS.   Quoi! vous laisser battre de la sorte!

MASCARILLE.   Mon Dieu, je n'ai pas voulu faire sem-
5   blant de rien[2]; car je suis violent, et je me serais emporté.

MAGDELON.   Endurer un affront comme celui-là, en notre présence!

---

1.   *C'est une gageure* : c'est le paiement d'une gageure, c'est-à-dire d'un engagement réciproque.
2.   *je n'ai pas voulu faire semblant de rien* : je n'ai rien voulu laisser paraître.

MASCARILLE. Ce n'est rien : ne laissons pas d'achever.
10 Nous nous connaissons il y a longtemps ; et entre amis,
on ne va pas se piquer pour si peu de chose.

SCÈNE 15. DU CROISY, LA GRANGE,
MASCARILLE, JODELET, MAGDELON, CATHOS,
MAROTTE, LUCILE, CÉLIMÈNE, VIOLONS

LA GRANGE. Ma foi, marauds, vous ne vous rirez pas de
nous, je vous promets. Entrez, vous autres.
(Trois ou quatre spadassins entrent.)
MAGDELON. Quelle est donc cette audace, de venir
nous troubler de la sorte dans notre maison ?
5 DU CROISY. Comment, Mesdames, nous endurerons
que nos laquais soient mieux reçus que nous ? qu'ils
viennent vous faire l'amour• à nos dépens, et vous
donnent le bal ?
MAGDELON. Vos laquais ?
10 LA GRANGE. Oui, nos laquais : et cela n'est ni beau ni
honnête de nous les débaucher[1] comme vous faites.
MAGDELON. Ô Ciel ! quelle insolence !
LA GRANGE. Mais ils n'auront pas l'avantage de se servir de nos habits pour vous donner dans la vue ; et si
15 vous les voulez aimer, ce sera, ma foi, pour leurs beaux
yeux. Vite, qu'on les dépouille sur-le-champ.
JODELET. Adieu notre braverie[2].
MASCARILLE. Voilà le marquisat et la vicomté à bas.
DU CROISY. Ha ! ha ! coquins, vous avez l'audace d'aller

1. *débaucher* : détourner de leurs devoirs.
2. *braverie* : élégance.

20   sur nos brisées[1]! Vous irez chercher autre part de quoi vous rendre agréables aux yeux de vos belles, je vous en assure.

LA GRANGE.   C'est trop que de nous supplanter, et de nous supplanter avec nos propres habits.

25   MASCARILLE.   Ô Fortune, quelle est ton inconstance!

DU CROISY.   Vite, qu'on leur ôte jusqu'à la moindre chose.

LA GRANGE.   Qu'on emporte toutes ces hardes, dépêchez. Maintenant, Mesdames, en l'état qu'ils sont[2], vous
30   pouvez continuer vos amours avec eux tant qu'il vous plaira; nous vous laissons toute sorte de liberté pour cela, et nous vous protestons[3], monsieur et moi, que nous n'en serons aucunement jaloux.

CATHOS.   Ah! quelle confusion!

35   MAGDELON.   Je crève de dépit.

VIOLONS, *au marquis*.   Qu'est-ce donc que ceci? Qui nous payera, nous autres?

MASCARILLE.   Demandez à Monsieur le Vicomte.

VIOLONS, *au vicomte*.   Qui est-ce qui nous donnera de
40   l'argent?

JODELET.   Demandez à Monsieur le Marquis.

SCÈNE 16. GORGIBUS, MASCARILLE, JODELET, MAGDELON, CATHOS, VIOLONS

GORGIBUS.   Ah! coquines que vous êtes, vous nous mettez dans de beaux draps blancs, à ce que je vois! et je

---

1. *aller sur nos brisées* : nous concurrencer (expression empruntée à la vénerie : on marque le passage de la bête poursuivie en brisant des branches pour signaler qu'elle est prise en chasse; les règles de bonne conduite interdisent à un équipage de vénerie d'aller sur les brisées d'un autre).

2. *en l'état qu'ils sont* : en l'état où ils sont, c'est-à-dire dans leurs habits de valets.

3. *nous vous protestons que* : nous vous assurons solennellement que.

viens d'apprendre de belles affaires, vraiment, de ces
messieurs qui sortent!

5 MAGDELON.   Ah! mon père, c'est une pièce[1] sanglante
qu'ils nous ont faite.

GORGIBUS.   Oui, c'est une pièce sanglante, mais qui est
un effet de votre impertinence•, infâmes! Ils se sont ressentis[2] du traitement que vous leur avez fait; et cepen-
10 dant•, malheureux que je suis, il faut que je boive l'affront.

MAGDELON.   Ah! je jure que nous en serons vengées ou
que je mourrai en la peine. (À Mascarille et à Jodelet) Et
vous, marauds, osez-vous vous tenir ici après votre inso-
15 lence?

MASCARILLE.   Traiter comme cela un marquis! Voilà ce
que c'est que du monde[3]! la moindre disgrâce nous fait
mépriser de ceux qui nous chérissaient. Allons, camarade, allons chercher fortune autre part : je vois bien
20 qu'on n'aime ici que la vaine apparence, et qu'on n'y
considère point la vertu toute nue.

(Ils sortent tous deux.)

SCÈNE 17. GORGIBUS, MAGDELON, CATHOS, VIOLONS

VIOLONS.   Monsieur, nous entendons que vous nous
contentiez[4] à leur défaut pour ce que nous avons joué ici.

GORGIBUS, *les battant.*   Oui, oui, je vous vais contenter,
et voici la monnaie dont je vous veux payer. Et vous,
5 pendardes, je ne sais qui me tient[5] que je ne vous en
fasse autant. Nous allons servir de fable et de risée à tout

---

1. *pièce* : tour (cf. sc. 1, l. 32).
2. *Ils se sont ressentis* : ils ont eu du ressentiment.
3. *ce que c'est que du monde* : comment va le monde.
4. *que vous nous contentiez* : que vous nous payiez.
5. *je ne sais qui me tient* : je ne sais ce qui me retient.

le monde, et voilà ce que vous vous êtes attiré par vos extravagances. Allez vous cacher, vilaines, allez vous cacher pour jamais. Et vous, qui êtes cause de leur folie,
10 sottes billevesées[1], pernicieux amusements des esprits oisifs, romans, vers, chansons, sonnets et sonnettes, puissiez-vous être à tous les diables !

Jodelet, Magdelon, Cathos et Mascarille : le bal. Mise en scène de J.-L. Boutté, janvier 1993.

---

1. *billevesées* : paroles vides de sens, idées creuses (étym. obscure).

Questions

Compréhension

1. Expliquez le comique de la mise en train du bal (sc. 12).

2. Distinguez les péripéties de l'action qui suit (sc. 13, 14, 15). Notez les effets tirés de son découpage.

3. Sur quelle leçon la farce se termine-t-elle (sc. 16-17) ?

Écriture

4. Relevez et expliquez les mots comiques de Mascarille et de Jodelet. Expliquez le ton et la portée de la dernière réplique de Mascarille (sc. 16).

Mise en scène

5. Récapitulez les jeux de scène. Imaginez celui qui peut suivre l'ordre de Du Croisy : «Vite, qu'on leur ôte jusqu'à la moindre chose.» (sc. 15, l. 26-27).

6. Dans quel esprit l'exécution de ces scènes vous paraît-elle devoir être conduite ?

Bilan

L'action

Une farce satirique joyeusement menée

Deux jeunes bourgeois, La Grange et Du Croisy, quittent, fort mécontents, la maison de Gorgibus, riche bourgeois de province, arrivé depuis peu à Paris pour marier sa fille Magdelon et sa nièce Cathos. Ils viennent d'être mal reçus par les jeunes filles, « deux pecques provinciales », « un ambigu de précieuse et de coquette », selon La Grange. Celui-ci forme un projet de vengeance dans lequel Mascarille, son valet, qui se pique d'être bel esprit* et aime jouer à l'homme de qualité*, doit recevoir un rôle.

Magdelon et Cathos ne veulent pas des prétendants choisis par Gorgibus. Elles ont lu les romans de Mlle de Scudéry et nourrissent des rêves de vie mondaine, de romanesque et de liberté qui mettent en colère le vieux provincial, atteint dans son autorité. Là-dessus se présente, en chaise à porteurs, le marquis de Mascarille. Les deux naïves sont immédiatement séduites par son titre, son élégance tapageuse, son affectation d'homme à la mode qui se dit familier des ruelles. L'arrivée du vicomte de Jodelet, qui pose à l'homme d'épée, achève de les éblouir. Les visiteurs font venir des violons. On se met à danser.

Surviennent alors La Grange et Du Croisy qui démasquent leurs valets, les dépouillent de leurs habits de gentilshommes et raillent les deux précieuses qui les avaient trouvés à leur goût. Humilié par cet affront, Gorgibus accable de reproches sa fille et sa nièce en dénonçant les romans qui leur ont tourné la tête.

Les personnages

La Grange et Du Croisy : *jeunes bourgeois parisiens d'allure sage, étrangers à la mode des ruelles.*

Gorgibus : *père d'esprit traditionaliste et même étroit, comme les pères de la farce, et, de surcroît, provincial.*

Magdelon et Cathos : *deux provinciales un peu sottes, victimes de « l'air précieux » et de leur naïveté.*

Mascarille : *valet de théâtre beau parleur et habile, portant un masque à l'italienne, qui, touché par l'air du temps, joue à l'homme de qualité* et au bel esprit* (cf. Valet*).*

Jodelet : *autre valet de théâtre, traditionnellement poltron et gauche, encore une fois travesti en maître (cf. Valet*).*

56

L'écriture théâtrale

La farce rejoint ici la comédie littéraire.

Molière, le farceur, conduit un jeu où reparaissent des person-nages comiques connus, avec des déguisements, de grosses plai-santeries et des coups de bâton. Mais, en raison de la nature de son sujet, qui est la vogue des ruelles, du romanesque et du bel esprit*, il se livre, usant de la souplesse de la prose, à un exercice de parodie de portée satirique.

Cathos (Isabelle Gardien) et Mascarille (Thierry Hancisse);
mise en scène de J.-L. Boutté, Comédie-Française, 3 février 1993.

DATES	ÉVÉNEMENTS HISTORIQUES	VIE ET ŒUVRE DE MOLIÈRE
1610	Règne de Louis XIII.	
1618	Début de la guerre de Trente Ans.	
1620		
1621		
1622	Richelieu cardinal.	Naissance de Jean-Baptiste Poquelin à Paris. Son père est tapissier du roi.
1623		
1629	Fondation de la Compagnie du Saint-Sacrement.	
1630		
1631		
1632		
1633		Études au Collège de Clermont (Jésuites) ; puis Droit à Orléans. Molière fréquente les milieux libertins.
1634		
1635	La France entre dans la guerre de Trente Ans.	
1636		
1637		
1639		
1640		
1642	Début de la guerre civile anglaise. Mort de Richelieu.	
1643	Mort de Louis XIII. Régence d'Anne d'Autriche et gouvernement de Mazarin.	J.-B. Poquelin fonde avec Madeleine Béjart l'Illustre-Théâtre.
1644		Il prend le nom de Molière.
1645		Molière en province.
1648	La Fronde (→ 1652).	
1649		
1650		
1651		
1653		Comédien du Prince de Conti.
1654	Sacre de Louis XIV.	
1655		À Lyon, L'Étourdi.
1656		À Béziers, Le Dépit amoureux.
1658	Mort de Cromwell.	Molière à Paris : la troupe, devenue Troupe de Monsieur, joue au Petit-Bourbon en alternance avec les Italiens.
1659	Paix des Pyrénées.	Les Précieuses ridicules (18 nov.).
1660	Louis XIV épouse Marie-Thérèse d'Autriche.	Sganarelle ou le Cocu imaginaire.

ÉCRIVAINS - LITTÉRATURE	VIE CULTURELLE	DATES
H. d'Urfé, *L'Astrée*.	Début des réceptions à l'Hôtel de Rambouillet (→ 1665).	1610
		1618
Tirso de Molina écrit *L'Abuseur de Séville*.	Invention du microscope.	1620
Naissance de La Fontaine.		1621
		1622
Naissance de Pascal, Sorel, *Histoire comique de Francion*.	Théophile de Viau brûlé en effigie.	1623
Corneille, *Mélite*.	Galilée, *Les Lois du mouvement des astres*.	1629
Publication de *L'Abuseur de Séville*.		1630
Renaudot fonde *La Gazette*.		1631
	Galilée, *Dialogues sur les deux principaux systèmes du Monde*.	1632
	Condamnation de Galilée.	1633
Corneille, *La Place royale*.		1634
Fondation de l'Académie française.	L'*Academia parisiensis*, première ébauche de l'Académie des Sciences.	1635
Corneille, *Le Cid*.		1636
Descartes, *Discours de la Méthode*.		1637
Naissance de Racine.		1639
Corneille, *Horace*.	L'*Augustinus* de Jansénius.	1640
Corneille, *Cinna, Polyeucte*.	Mort de Galilée.	1642
Scarron, *Jodelet ou le Maître valet*.	Arrivée à Paris de Lulli.	1643
		1644
Naissance de La Bruyère.	Gassendi au Collège de France.	1645
Mort de Voiture.	Académie de peinture et sculpture.	1648
Mlle de Scudéry, *Le Grand Cyrus*.		1649
Mort de Descartes.		1650
	Pascal, machine arithmétique. Les samedis de Sapho (Mlle de Scudéry).	1651
		1653
Mlle de Scudéry, *Clélie* (par vol. → 1660). La Carte du Tendre.		1654
Scarron, *La Précaution inutile*.		1655
Pascal, *Provinciales*.	Spinoza commence son œuvre philosophique.	1656
De Pure, *La Précieuse ou le Mystère des ruelles*.		
Dorimond, *Le Festin de Pierre*.		1658
Villiers, *Le Festin de Pierre*.		**1659**
Somaize, *Les Véritables Précieuses*. *Le Grand Dictionnaire des Précieuses*.	Mort de Vélasquez.	1660

DATES	ÉVÉNEMENTS HISTORIQUES	VIE ET ŒUVRE DE MOLIÈRE	
1661	Mort de Mazarin. Règne personnel de Louis XIV. Arrestation de Fouquet.	Installation au Palais-Royal. *Don Garcie. L'École des maris. Les Fâcheux.*	
1662	Colbert ministre. Mlle de la Vallière favorite.	Mariage avec Armande Béjart. *L'École des femmes.*	
1663		*La Critique de l'École des femmes. L'Impromptu de Versailles.* Lutte contre la «cabale».	
1664	Condamnation de Fouquet.	Interdiction du *Tartuffe.*	
1665	Peste de Londres.	*Dom Juan.* La troupe devient Troupe du Roi.	
1666	Mort d'Anne d'Autriche.	*Le Misanthrope. Le Médecin malgré lui.*	
1667	Mme de Montespan favorite.		
1668	Traité d'Aix-la-Chapelle.	*Amphitryon. George Dandin. L'Avare.*	
1669		*Monsieur de Pourceaugnac. Tartuffe* autorisé.	
1670	Mort de Madame (Henriette d'Angleterre, ép. de Monsieur).	*Le Bourgeois gentilhomme.*	
1671		*Psyché. Les Fourberies de Scapin. La Comtesse d'Escarbagnas.*	
1672	Guerre de Hollande (→ 1678).	*Les Femmes savantes.*	
1673	Prise de Maestricht.	*Le Malade imaginaire.* Mort de Molière (17 février).	

Madeleine Béjart dans le rôle de Magdelon. Peinture sur marbre. Collection J. Kujel

Molière dans le rôle de Mascarille. Peinture marbre du XVIIᵉ siècle. Collection Kujel, Paris, E 1968.

ÉCRIVAINS - LITTÉRATURE	VIE CULTURELLE	DATES
	Début des travaux de Versailles (Le Vau).	1661
rt de Pascal.	Fondation des Gobelins.	1662
	Le Nôtre dessine le parc de Versailles. Descartes condamné par la Sorbonne.	1663
Fontaine, *Contes et Nouvelles*. cine, *La Thébaïde*. Rochefoucauld, *Maximes*.	Fête des *Plaisirs de l'île enchantée* à Versailles.	1664
leau, *Satires*.	Mort du peintre Poussin. Mort de Mme de Rambouillet. Newton, premiers résultats fondamentaux du calcul différentiel.	1665 1666
cine, *Andromaque*. cine, *Les Plaideurs*. Fontaine, *Fables* (I-VI). cine, *Britannicus*.	L'Observatoire de Paris. Mort de Rembrandt.	1667 1668 1669
cal, *Pensées* (édition Port-Royal). Racine, *Bérénice*. but de la correspondance de ne de Sévigné avec sa fille.	Début de la construction des Invalides.	1670 1671
cine, *Bajazet*. cine, *Mithridate*.	Premier opéra de Lulli.	1672 1673

Vendredy 21 Novemb. M de Crisp. 142: — 8:
part — — — — — —
ee Nouvelles — M. Poquelin. Dimanche 23 novemb. Pylade · 540 — 46: 10
Claisière de oven. partagé — — — — —
Mardy 25 me. Pylade et Oreste 300: — 22:
partagé — — — — — —
Vendredy 28 me. Pylade et Oreste · 180: — 12: 10
partagé — — — — — —
Dimanche 30 me. Nou. Sanche Pan 320: — 23: 10
partagé — me. — —
Mardy 2. Decembre Alcionée et les Pretieuses a l'Ra 30f. 1400: — 121:
partagé — — —
Vend. 5. Decemb. Rodog. Pretieus. 1004: — 90:
paot — — —
trouppe a Samedy 6. me Le Cid. les Pretieuses 730: — 10:
mté à ch. Moliere partagé — — — 447:31
500:

LES TROUPES EN CONCURRENCE

Lorsque Molière arrive à Paris au mois d'octobre 1658, plusieurs troupes sont déjà en concurrence.

La plus ancienne est celle des «Grands Comédiens», ou «Comédiens du Roi», qui sont installés depuis le début du siècle à l'Hôtel de Bourgogne, rue Mauconseil, sur la rive droite de la Seine, dans le quartier de Saint-Eustache. Ils sont spécialisés dans la tragédie et jouissent d'un grand prestige.

La troupe du Marais est également ancienne. Installée depuis 1634 dans un ancien jeu de paume de la rue Vieille-du-Temple, elle a créé *Le Cid* en 1636, continue de jouer Corneille et dispose d'un acteur comique de talent, Jodelet, pour qui Scarron écrit. Elle connaît des difficultés et cherchera bientôt son salut dans les pièces à machines.

Les Comédiens Italiens, présents de manière intermittente à Paris depuis le milieu du XVIe siècle, sont revenus en 1653, au lendemain de la Fronde. Ils pratiquent la fameuse *commedia dell'arte*, farce d'origine populaire, jouée en italien, fondée sur un petit nombre de personnages conventionnels à masque, dont le célèbre Arlequin. L'«art» (la technique) des Italiens consiste à construire sur un canevas une improvisation où les *lazzi*, qui sont des mimes bouffons, comptent plus que le texte. En 1659, ils sont dirigés par le mime Scaramouche (Tiberio Fiorelli), un comédien de grand talent, et disposent de la salle du Petit-Bourbon. Cette salle, située dans l'ancien Hôtel du connétable de Bourbon, confisqué à la suite de la trahison de celui-ci en 1523, passe pour la plus belle de Paris. Contiguë au Louvre, elle sert aux fêtes de la Cour.

Il n'existe pas encore de salle réservée à l'opéra, qui en est à ses débuts. Le musicien et compositeur italien Lulli, qui collaborera avec Molière à partir de 1664 pour les ballets de Cour et les fêtes de Versailles, recevra le privilège des spectacles lyriques en 1673.

MOLIÈRE AU THÉÂTRE DE BOURBON

Grâce au patronage de Monsieur, frère du Roi, Molière a fait sa rentrée à Paris en jouant devant le Roi et la Cour, aux Tuileries, le 24 octobre 1658. Au programme, une tragédie, *Nicomède* de Corneille, médiocrement accueillie, et une farce, *Le Docteur amoureux*, qui a fait rire le Roi. Il a accordé à Molière la salle du Petit-Bourbon, en alternance avec les Italiens. Ceux-ci jouent les jours «ordinaires», le vendredi, le dimanche et le mardi, qui sont les meilleurs. Molière doit se contenter des jours «extraordinaires», le lundi, le mercredi, le jeudi et le samedi, jusqu'au départ des Italiens pour l'Italie, au mois de juillet 1659. Mais la salle est bien située et connue du public. La troupe de Molière se trouve débuter à Paris dans des conditions favorables.

LA COMPOSITION DE LA TROUPE

Molière passe pour avoir été un excellent directeur de troupe, habile à utiliser les compétences et à assurer la cohésion de son équipe. René Bray analyse cet aspect de la carrière de Molière dans un ouvrage au titre significatif : *Molière, homme de théâtre*.

> *La compagnie qui s'installa au Petit-Bourbon à la fin de 1658 comprenait dix acteurs et actrices, dont certains travaillaient ensemble depuis une quinzaine d'années ; les plus récentes acquisitions remontaient à 1653 : la cohésion ne manquait pas. Du côté des femmes, une tragédienne réputée, la Béjart ; une actrice au talent éprouvé et sur qui le chef pouvait compter, la De Brie ; une jolie femme, bonne danseuse à tout le moins, la Du Parc ; du côté des hommes, un bon comique, Molière lui-même. C'était l'essentiel. S'y ajoutaient six comédiens de second ou troisième ordre : Dufresne, Joseph Béjart, Louis Béjart, Du Parc, De Brie et Geneviève Béjart, et le gagiste, homme à tout faire, Croisac. Certains estiment que c'était peu pour lutter contre l'Hôtel de Bourgogne ; ils oublient que la force principale d'une troupe est dans sa judicieuse composition et dans son unité plus que dans l'éclat des vedettes.*
>
> René Bray, *Molière, homme de théâtre*, pp. 61-62,
> Mercure de France, 1954.

En 1659, à Pâques, Dufresne prend sa retraite, les Du Parc passent au théâtre du Marais d'où arrivent, inversement, le célèbre farceur Jodelet, qui a près de soixante ans, et son frère L'Espy. Molière recrute aussi de jeunes acteurs, La Grange, qui sera son plus fidèle disciple et va tenir régulièrement le précieux registre qui nous renseigne sur l'activité de la troupe, Du Croisy et sa femme. Ces nouveaux venus vont contribuer au succès des *Précieuses ridicules* (cf. «Personnages», p. 12).

LE RÉPERTOIRE DE LA TROUPE

Comme directeur de théâtre, Molière doit produire des spectacles pour assurer des ressources à sa troupe. Il reprend ses propres comédies, *L'Étourdi* et *Le Dépit amoureux*, ainsi que les farces qu'il jouait en province. Il a aussi à son répertoire des pièces passées dans le domaine public. Une pièce y tombe alors dès sa publication en librairie. Molière joue ainsi des tragédies de Corneille, Du Ryer, Rotrou, Tristan et des comédies de Scarron, de Thomas Corneille, Desmarets, Boisrobert (René Bray, ouvrage cité, p. 95). Il ne monte aucune pièce nouvelle avant *Les Précieuses ridicules* dont le succès conduira des auteurs à lui confier des créations. Mais dans ce domaine, en 1659, l'Hôtel de Bourgogne l'emporte. Molière raille sa vogue quand il fait proclamer bien haut au marquis de Mascarille qu'il va donner aux Grands Comédiens la comédie qu'il a composée (*Les Précieuses ridicules*, sc. 9).

LA RÉTRIBUTION DES AUTEURS

L'auteur, s'il est débutant, peut ne pas être payé, trop heureux d'être joué. En règle générale, il reçoit une rétribution forfaitaire. Pour *Les Précieuses ridicules*, Molière reçut un forfait initial de 500 livres et, le mois suivant, la même somme en quatre versements (R. Bray, ouvrage cité, p. 83). La publication d'une pièce en librairie permet alors à n'importe qui de la jouer sans verser de droits à l'auteur (cf. *Préface* des *Précieuses ridicules*, p. 10, note 1).

LE LANCEMENT DES SPECTACLES

La publicité des pièces à venir est faite par l'orateur de la troupe. Molière remplit ce rôle à la fin des séances. À partir de 1664 il le cédera à La Grange. L'orateur est responsable également des affiches dont le texte est inspiré de la harangue de l'orateur. Les auteurs font, en outre, des lectures préalables de leurs pièces dans les salons. Le marquis de Mascarille évoque cet usage, ainsi que les cabales qui entourent les premières représentations (*Les Précieuses ridicules*, sc. 9).

LES RESSOURCES DES COMÉDIENS

Une place coûte un écu (3 livres) dans une loge ou sur le théâtre (la scène, où subsisteront des sièges, réservés aux hommes, jusqu'en 1759), et 15 sols[1] au parterre, également réservé aux hommes, où l'on est debout.

---

1. L'écu d'argent vaut 3 livres. Le louis d'or, frappé depuis le règne de Louis XIII, vaut 11 livres. La livre est une unité de compte (il n'existe pas de pièce d'une livre). Elle est subdivisée en 20 sols.

L'usage est de doubler les prix pour une pièce nouvelle, tant qu'elle a du succès. Molière ne l'a pas fait pour la première des *Précieuses ridicules*, donnée à la suite de *Cinna*, le 18 novembre 1659. La recette n'est que de 533 livres. Le 2 décembre, *Les Précieuses* sont reprises avec une tragédie ancienne de Du Ryer, *Alcionée* (1640). Le prix des places est doublé et la recette est de 1 400 livres. C'est un incontestable succès, dont la caisse de la troupe avait grand besoin.

Les Précieuses ridicules furent jouées quarante-quatre fois au Petit-Bourbon avant sa fermeture pour démolition le 11 octobre 1660, et cinquante-trois fois en moins de deux ans. Elles ne le furent ensuite que trois fois du vivant de Molière, en 1666.

Les représentations « en visite » chez le Roi et chez les grands seigneurs apportent un complément de recettes. Pour la représentation de *L'Étourdi* et des *Précieuses* donnée le 26 octobre 1660 chez le cardinal Mazarin, et à laquelle le Roi assista, Molière reçut 3 000 livres (*Registre* de La Grange).

Les troupes reçoivent aussi une « pension », c'est-à-dire une subvention, du protecteur auquel elles se sont « données ». Les comédiens de l'Hôtel de Bourgogne perçoivent, comme « Comédiens du Roi », une pension de 12 000 livres. Monsieur avait promis une pension à la troupe de Molière. Elle ne fut jamais versée. C'est seulement en 1665 que, passant du service de Monsieur à celui du Roi, la troupe de Molière recevra, avec le titre de « Troupe du Roi, au Palais-Royal », une pension de 6 000 livres, qui sera portée à 7 000 en 1671.

LA CONDITION DES COMÉDIENS

Comme le prouvent les protections officielles dont bénéficient les comédiens, leur statut social est honorable, et leur condition matérielle est satisfaisante. C'est plus tard que la cabale des dévots et l'Église s'en prendront aux comédiens et au théâtre, si bien que l'intervention du Roi sera nécessaire pour que l'auteur de *Tartuffe*, à sa mort, en 1673, soit enseveli en terre chrétienne.

Lectures complémentaires
G. Mongrédien, *La Vie quotidienne des comédiens au temps de Molière,* Hachette, Paris, 1950.
R. Bray, *Molière, homme de théâtre,* Mercure de France, Paris, 1954, réimpr. 1992.

MOLIÈRE ET SON TEMPS

Gorgibus ———————→ marier sa fille et sa nièce.

Magdelon et Cathos ———————→ échapper à un mariage imposé,
entrer dans la société précieuse.

La Grange et Du Croisy ———————→ se venger du mépris des deux précieuses.

Sc.	1-2	3-4	5	6-7-8
Hors scène	Magdelon et Cathos ont mal reçu les prétendants choisis par Gorgibus.	Magdelon et Cathos font de la pommade pour les lèvres.		
Sur scène (salle basse chez Gorgibus)	La Grange et Du Croisy sortent en projetant de se venger.	Gorgibus reproche leur conduite à Magdelon et Cathos. Celles-ci lui expliquent leur conception de l'amour et du mariage.	Magdelon et Cathos rêvent de se découvrir une origine illustre.	Le marquis de Mascarille se fait annoncer, entre en chaise à porteurs et s'installe.
Aides	Mascarille, un valet qui se pique d'être bel esprit*.	Les romans de Mlle de Scudéry. La mode et l'esprit précieux.	Les romans.	Le titre de marquis. La qualité de simples bourgeoises de Magdelon et Cathos.
Obstacles		La tradition bourgeoise et l'autorité paternelle.		

À PROPOS DE L'ŒUVRE

Cathos et Magdelon se laissent éblouir par le marquis de Mascarille et le vicomte de Jodelet.		Les maîtres démasquent leurs valets. Les précieuses sont ridiculisées. Gorgibus est humilié et furieux.	

9	10	11-12	13 à 17
Le marquis de Mascarille charme Magdelon et Cathos par sa conversation, ses promesses, son costume.	Arrivée du vicomte de Jodelet. Proposition d'un bal.	Entrée des violons. Bal.	La Grange et Du Croisy surviennent, armés de bâtons, déshabillent leurs valets et raillent Magdelon et Cathos. Gorgibus menace ses filles et dénonce les romans.
La mode et le prestige de Paris. La naïveté de Magdelon et Cathos qui voudraient entrer dans la société des ruelles et des beaux esprits.	Le prestige des gentilshommes d'épée. La naïveté de Magdelon et Cathos.	La mode. L'aspiration de Magdelon et Cathos à goûter les plaisirs de la vie mondaine.	L'autorité des maîtres. L'autorité du père.

UN CANEVAS DE L'ABBÉ DE PURE?

Deux contemporains de Molière, Baudeau de Somaize et Donneau de Visé, affirment que Les Précieuses ridicules sont imitées d'une comédie de l'abbé de Pure jouée en 1656 par les Comédiens Italiens.

Dans la Préface de sa comédie des Véritables Précieuses (1660), Somaize dénonce Molière avec acrimonie : «il a copié Les Précieuses de monsieur l'abbé de Pure, jouées par les Italiens...». Dans sa pièce, il précise son accusation :

> LE BARON : [...] ; mais Mascarille pourtant soutient n'avoir imité en rien celle des Italiens.
>
> LE POÈTE : Ah! que dites-vous là! C'est la même chose : ce sont deux valets tout de même qui se déguisent pour plaire à deux femmes et que leurs maîtres battent à la fin. Il y a seulement cette petite différence que, dans la première, les valets le font à l'insu de leurs maîtres, et que, dans la dernière, ce sont eux qui le leur font faire. [...]

De son côté, Donneau de Visé, dans ses Nouvelles nouvelles, 3e partie (1663), écrit :

> [Molière] eut recours aux Italiens, ses bons amis, et accommoda Les Précieuses au théâtre français, qui avaient été jouées sur le leur, et qui leur avaient été données par un abbé des plus galants.
> (Donneau de Visé, Nouvelles nouvelles, texte reproduit par
> G. Couton, Œuvres complètes de Molière, tome I, p. 1018,
> La Pléiade.)

On ne peut malheureusement plus juger de ce que Molière peut devoir à l'abbé de Pure, car la comédie de celui-ci est perdue. Jouée en italien, d'après un témoignage du chroniqueur Livet, elle était probablement restée à l'état de canevas.

L'ACTUALITÉ

La comédie de Molière a pour source évidente les dernières modes de la vie parisienne qui, par leur succès, offrent une belle matière à la satire. La mode des «ruelles», l'affectation des précieuses et des beaux esprits•, les jeux poétiques mondains, les outrances vestimentaires des petits marquis séduisent et amusent la bonne société. Molière exploite cette veine, comme vont le faire après lui Somaize (Les Véritables Précieuses, 1660) et Gilbert (La Vraie et la Fausse Précieuse, 7 mai 1660).

D'autres l'ont fait avant lui, en particulier l'abbé de Pure, qui outre la pièce citée, donnée aux Italiens, a écrit un long roman intitulé La Précieuse ou le Mystère des ruelles (4 vol., 1656-

1658), où il peint avec une complaisance amusée la société des « ruelles ».

> *Au fil des pages, les conversations des précieuses et de leurs alcôvistes évoquent Boisrobert, Benserade, La Calprenède, Desmarets de Saint-Sorlin, Georges et Madeleine de Scudéry, Mézeray, Vaumorière, Voiture et même Pascal, les deux Corneille, d'autres encore. Ici l'on parle d'Aristenète, philosophe grec du IVe siècle de notre ère, et de Nostradamus, là de magie et de chiromancie, ailleurs des partisans et des traitants[1]. Les sujets les plus variés sont ainsi abordés, mais les préoccupations essentielles sont celles des cercles féminins de ce temps-là ; s'agit-il de mode et d'habillement, on distingue « la Friponne », jupe de dessus, assortie aux souliers et à la chaussure, destinée à éblouir et à « tromper les yeux des dupes », et « la Fidèle », jupe de dessous, appareillée aux rubans et à la garniture, appelée de la sorte parce qu'elle « porte les couleurs de l'Amant, et pour ainsi dire touche du bout du doigt au poinct du parfait amour ». Si une question de morale est à l'ordre du jour, une précieuse prononce un « Discours sur la bonté » qui est un véritable réquisitoire et un alcôviste répond par un autre « Discours pour la bonté, contre la colère ». D'autres fois, on étudie des points de casuistique amoureuse ou de grammaire. La littérature entraîne l'examen des auteurs contemporains et la comparaison des différents genres, poésie, histoire, tragédie et surtout roman. On se distrait quelque peu de ces conversations sérieuses par le récit d'aventures vécues,* Histoire de Polixène, Loïne et Melasere, Histoire de Caliste, Histoire d'Eulalie, Histoire de Didascalie, *etc. Mais l'on revient sans cesse, et c'est un thème toujours repris tout au long de l'ouvrage, à l'amour, au mariage, aux problèmes qu'ils posent.*
>
> Roger Lathuillère, *La Préciosité, étude historique et linguistique*, tome I, Librairie Droz, Genève, 1969, p. 84.

Le roman de l'abbé de Pure contient un épisode qui a particulièrement retenu l'attention. C'est celui où l'auteur conte les conditions dans lesquelles il aurait écrit sa pièce pour les Italiens. G. Couton en fait état dans sa notice sur *Les Précieuses ridicules* (*Œuvres complètes* de Molière, tome I, p. 251-253, La Pléiade).

En bref, la précieuse Aurélie s'est éprise d'un poète contrefait et sans fortune. À ce prétendant indésirable, sa famille en oppose un autre qui possède tous les mérites et tous les agréments. On la mène aussi à la Comédie Italienne où se joue

À PROPOS DE L'ŒUVRE

---

1. financiers qui passent des contrats avec le Trésor royal.

une comédie qui représente son aventure. Aurélie confesse sa confusion. Elle n'épouse ni l'un ni l'autre de ses prétendants, mais constitue « *une petite ligue avec les plus aimables précieuses pour établir une espèce de célibat, ou une mode de ne se point marier si jeune, d'attendre le plus que l'on peut, et cependant* (= pendant ce temps) *faire un amas de mérite pour pouvoir faire une plus digne conquête* ».

Si l'histoire d'Aurélie est fort différente de la mésaventure de Magdelon et de Cathos, elle est propre à montrer le contexte de la création de Molière.

LES TECHNIQUES DU THÉÂTRE

Il est d'autres données qu'il ne faut pas négliger pour comprendre la genèse des *Précieuses ridicules* : ce sont les acteurs et les techniques dont dispose Molière pour construire cette petite comédie qui, en complément de spectacle, doit faire rire et autorise le ton de la farce et de la *commedia dell'arte*.

Molière reprend le masque de Mascarille, valet d'intrigue qu'il a créé et fait apprécier par le public. D'autre part, il a pour nouveau partenaire Jodelet, transfuge du Théâtre du Marais, qui apporte les ressources comiques spécifiques du valet bouffon dont il a imposé le nom depuis vingt ans. (Cf. *Valets**) Mascarille et Jodelet étant les protagonistes, les déguisements, les pitreries, les jeux de mots, les coups de bâton, moyens ordinaires de la farce, viennent tout naturellement dans une parfaite complicité avec le public.

Constant Coquelin, dit Coquelin-l'Aîné, dans le rôle de Mascarille. Gravure de R.G. Tietze d'après une photographie de Sarony. Paris, bib. de l'Arsenal, fonds Rondel.

AU XVIIᵉ SIÈCLE

Les Précieuses ridicules à leur création

•

Jouées pour la première fois le 18 novembre 1659, *Les Précieuses ridicules* furent reprises seulement le 2 décembre, après une interruption mal expliquée, due, selon Somaize, à l'intervention d'un « *alcôviste de qualité* ». Dans l'intervalle, Molière a peut-être remanié sa pièce, si l'on en juge par les différences entre le texte que nous connaissons et le *Récit de la farce des Précieuses* rédigé par Mlle Desjardins (cf. *Œuvres* de Molière, éd. Couton, tome I, p. 1 003).

Mlle Desjardins, qui, plus tard, écrira des romans sous le nom de Mme de Villedieu, est une amie de Molière. Cependant son *Récit* n'apporte pas une preuve sûre que celui-ci ait remanié sa farce. Ce fut d'abord une lettre à Mme de Morangis dont circulèrent des copies. Lors de son impression, elle a précisé qu'elle l'avait fait « *sur le rapport d'autrui* », alors qu'elle n'avait pas encore vu les *Précieuses* « *sur le théâtre* ». Elle ajoute : « *il est aisé de connaître cette vérité par l'ordre que je tiens dans mon récit, car il est un peu différent de celui de cette farce* ».

Par ailleurs, le témoignage de Mlle Desjardins est très intéressant car elle décrit le succès de Molière dans son interprétation délibérément bouffonne de Mascarille, atteste que Gorgibus était représenté comme franchement ridicule, s'amuse des règles de l'amour romanesque et désigne comme « *le plus plaisant endroit de la pièce* » la conversation du marquis de Mascarille et des précieuses.

> *Imaginez-vous donc, Madame, que sa perruque était si grande qu'elle balayait la place à chaque fois qu'il faisait la révérence, et son chapeau si petit qu'il était aisé de juger que le marquis le portait bien plus souvent dans la main que sur la tête ; son rabat se pouvait appeler un honnête peignoir, et ses canons semblaient n'être faits que pour servir de caches aux enfants qui jouent à la clinemusette[1] ; et en vérité, Madame, je ne crois pas que les tentes des jeunes Massagètes[2] soient plus spacieuses que ses honorables canons. Un brandon de galants[3] lui sortait de sa poche comme*

1. *clinemusette* : « Cligne-musette : *jeu d'enfant auquel l'un d'eux ferme les yeux tandis que les autres se cachent* [...] » (Furetière).
2. *Massagètes* : sujets de la reine Thomiris dans *Le Grand Cyrus* de Mlle de Scudéry.
3. *Un brandon de galants* : un bouquet de rubans.

d'une corne d'abondance, et ses souliers étaient si couverts de
rubans qu'il ne m'est pas possible de vous dire s'ils étaient de
roussi, de vache d'Angleterre ou de maroquin ; du moins sais-je
bien qu'ils avaient un demi-pied de haut, et que j'étais fort en
peine de savoir comment des talons si hauts et si délicats pouvaient
porter le corps du marquis, ses rubans, ses canons et la poudre.

Mlle Desjardins, *Récit en prose et en vers*
de la farce des Précieuses (1660).

Le succès des *Précieuses ridicules* est également attesté par la
Gazette de Loret. Jean Loret, rédacteur d'une gazette en vers,
La Gazette de la Cour, signale les événements mais n'agit pas en
critique littéraire.

> *Cette troupe de comédiens*
> *Que Monsieur avoue être siens,*
> *Représentant sur leur théâtre*
> *Une action assez folâtre,*
> *Autrement un sujet plaisant*
> *À rire sans cesse induisant*
> *Par des choses facétieuses,*
> *Intitulé les Précieuses,*
> *Ont été si fort visités*
> *Par gens de toutes qualités,*
> *Qu'on n'en vit jamais tant ensemble,*
> *Dans l'hôtel du Petit-Bourbon.*
> *[...]*
> *Pour moi, j'y portai trente sous[1],*
> *Mais, oyant leurs fines paroles,*
> *J'en ris pour plus de dix pistoles[2].*

Gazette de Loret, 6 déc. 1659.

Naissance de la querelle
sur la dignité du genre comique
•

Ce succès fait des envieux. Somaize s'emploie à discréditer
Molière en l'accusant d'avoir plagié l'abbé de Pure (cf. « Les
sources » des *Précieuses*, p. 68), mais il reconnaît qu'il a « *ajouté*
beaucoup par son jeu, qui a plu à assez de gens pour lui donner la
vanité d'être le premier farceur de France ». La remarque est, en

---

1. Le prix ordinaire d'une place au parterre est de 15 sols ; il est doublé pour les
pièces nouvelles et l'a été pour les *Précieuses*. Cf. « Jouer à Paris en 1659 », p. 62.
2. La pistole vaut 11 livres ; la livre est subdivisée en 20 sols.

fait, perfide et malveillante, comme le montre la suite : « *il vaut mieux être le premier d'un village que le dernier d'une ville, bon farceur que méchant* [= mauvais] *comédien* ».

Les ennemis de Molière le poursuivront longtemps de cette accusation. Thomas Corneille l'a lancée le premier à la suite de l'échec de la tragédie qu'un de ses amis avait confiée à Molière (Coqueteau de La Clairière, *Oreste et Pylade,* trois représentations) :

> *Tout le monde dit qu'ils* [les comédiens de Molière] *ont joué détestablement sa pièce ; et le grand monde qu'ils ont eu à leur farce des Précieuses, après l'avoir quittée, fait bien connaître qu'ils ne sont propres qu'à soutenir de semblables bagatelles, et que la plus forte pièce tomberait entre leurs mains.*
> *Lettre* de Thomas Corneille à l'abbé de Pure, G. Mongrédien, *Recueil de textes et documents du* xviiᵉ *siècle relatifs à Molière,* 2 vol., Paris, 1965, tome I, p. 114.

C'est le commencement d'une polémique qui rebondira à l'occasion de *L'École des femmes* (1662) et que Molière portera sur le théâtre dans *La Critique de l'École des femmes* (1663). Le poète Lysidas y est le porte-parole de ses adversaires.

> LYSIDAS : [...] *On m'avouera que ces sortes de comédies ne sont pas proprement des comédies, et qu'il y a une grande différence de toutes ces bagatelles à la beauté des pièces sérieuses. Cependant tout le monde donne là-dedans aujourd'hui : on ne court plus qu'à cela, et l'on voit une solitude effroyable aux grands ouvrages, lorsque des sottises ont tout Paris. Je vous avoue que le cœur m'en saigne quelquefois, et cela est honteux pour la France.*

Il est évident que Molière ridiculise Lysidas. Dorante et Uranie prennent contre lui la défense de la comédie :

> DORANTE : *Vous croyez donc, Monsieur Lysidas, que tout l'esprit et toute la beauté sont dans les poèmes sérieux, et que les pièces comiques sont des niaiseries qui ne méritent aucune louange ?*
> URANIE : *Ce n'est pas mon sentiment, pour moi. La tragédie, sans doute, est quelque chose de beau quand elle est bien touchée ; mais la comédie a ses charmes, et je tiens que l'une n'est pas moins difficile à faire que l'autre.*
> DORANTE : *Assurément, Madame ; et quand, pour la difficulté, vous mettriez un plus du côté de la comédie, peut-être que vous ne vous abuseriez pas. Car enfin, je trouve qu'il est bien plus aisé de se guinder sur de grands sentiments, de braver en vers la Fortune, accuser les Destins, et dire des injures aux Dieux, que d'entrer comme il faut dans le ridicule des hommes, et de rendre agréablement sur le théâtre des défauts de tout le monde. Lorsque vous*

> *peignez des héros, vous faites ce que vous voulez. Ce sont des*
> *portraits à plaisir, où l'on ne cherche point de ressemblance ; et*
> *vous n'avez qu'à suivre les traits d'une imagination qui se donne*
> *l'essor, et qui souvent laisse le vrai pour attraper le merveilleux.*
> *Mais lorsque vous peignez les hommes, il faut peindre d'après*
> *nature. On veut que ces portraits ressemblent ; et vous n'avez rien*
> *fait, si vous n'y faites reconnaître les gens de votre siècle. En un*
> *mot, dans les pièces sérieuses, il suffit, pour n'être point blâmé, de*
> *dire des choses qui soient de bon sens et bien écrites ; mais ce n'est*
> *pas assez dans les autres, il y faut plaisanter ; et c'est une étrange*
> *entreprise que celle de faire rire les honnêtes gens.*
>
> Molière, *La Critique de* l'École des femmes, sc. 6.

AU XVIIIe SIÈCLE

Les Précieuses ridicules sont irrégulièrement jouées et n'ont pas grand succès, en 1725, d'après *Le Mercure galant*.
Voltaire, dans le sommaire des *Précieuses* qui suit sa *Vie de Molière* (1739), s'en tient à des réflexions assez superficielles, faisant à Molière et Despréaux (Boileau) le mérite d'avoir lutté contre le style affecté : « *On commença à ne plus estimer que le naturel ; et c'est peut-être l'époque du bon goût en France.* » C'est pour mieux condamner son époque : « *L'envie de se distinguer a ramené depuis le style des Précieuses...* »

La Harpe (1739-1803), dans son *Lycée ou Cours de littérature ancienne et moderne* (1799), donne dans l'éloge, au nom du goût classique :

> Les Précieuses ridicules, *quoique ce ne fût qu'un acte sans*
> *intrigues, firent une véritable révolution : l'on vit pour la pre-*
> *mière fois sur la scène, le tableau d'un ridicule réel et la critique*
> *de la société. Le jargon des mauvais romans, qui était devenu celui*
> *du beau monde, le galimatias sentimental, le phébus des conversa-*
> *tions, les compliments en métaphores et en énigmes, la galanterie*
> *ampoulée, la richesse des flux de mots, toute cette malheureuse*
> *dépense d'esprit pour n'avoir pas le sens commun fut foudroyée*
> *d'un seul coup.*
>
> La Harpe, *Lycée*, 1799.

AU XIXe SIÈCLE

Le critique Sainte-Beuve (1804-1869) loue Molière de son rôle dans la formation du goût classique :

> *Molière balaya la queue des mauvais romans. La comédie des*
> Précieuses ridicules *tua le genre ; Boileau, survenant, l'acheva*

> *par les coups précis et bien dirigés dont il atteignit les fuyards.*
> *Pascal avait commencé. Pascal et* Les Précieuses ridicules, *ce sont*
> *les deux grands précédents modernes, et les modèles de Despréaux.*
> *Pascal avait flétri le mauvais goût dans le sacré ; Molière le*
> *frappait dans le profane.*
>
> Sainte-Beuve, Portraits littéraires, 1844.

À la fin du XIXe siècle, le développement de l'histoire littéraire permet de mieux connaître l'époque de Molière. On s'interroge sur la portée de sa satire de la préciosité. Visait-il des personnes précises ? Que vaut sa distinction entre les « *véritables précieuses* » et les « *précieuses ridicules* » ? Reflète-t-il exactement le langage des précieuses ?

AU XXe SIÈCLE

Les travaux sur Molière et sur la préciosité conduisent à situer plus attentivement *Les Précieuses ridicules* dans leur contexte et dans l'œuvre de leur auteur.

Quelques extraits significatifs
•

– **Antoine Adam**, dans son *Histoire de la littérature française au XVIIe siècle*, tome III, Domat (1952), procède à une mise au point dont voici des extraits :

> *Ainsi replacées dans le mouvement de l'histoire littéraire, les* Précieuses ridicules *révèlent leur véritable signification. Molière a dans l'esprit les excès de la littérature précieuse, celle en particulier de Madeleine de Scudéry. Il songe aussi aux ridicules des salons, aux minauderies des femmes, au faux bel esprit* • *des hommes, à la vogue des petits vers, des madrigaux, des impromptus, à cette poésie coquette qui triomphe dans la société mondaine, et fait les délices des sots. [...] Cette condamnation tombe à plein sur Madeleine de Scudéry, sur Ménage, Pellisson, Raincy, sur les habitués du Samedi, sur les familiers de la marquise du Plessis-Bellière.*
>
> *Les* Précieuses ridicules *sont donc bien une satire, et qui visait des personnages connus. Elles ne sont pas une œuvre de doctrine, le manifeste d'une école littéraire. Les commentaires qu'elles ont longtemps inspirés auraient fort étonné Molière. Il n'est pas vrai qu'on l'ait attendu pour railler la littérature coquette, le romanesque, les fausses délicatesses de la préciosité. Mainard, Gombauld, Sarasin lui-même et Pellisson avaient rappelé à leurs contemporains les exigences de la grande tradition poétique. Sorel depuis trente ans harcelait le romanesque. Contre les cercles*

précieux d'Aubignac et sa coterie s'acharnaient depuis 1654.
Scarron avait, dans l'Héritier ridicule, mis en scène une précieuse
fort semblable à Cathos, et un faux marquis qui s'exprimait déjà
comme Mascarille.
Ne disons pas non plus que Molière, en écrivant les Précieuses
ridicules, porta un coup mortel à la préciosité. [...]

Les Précieuses ridicules ne prétendent même pas donner des
salons précieux une peinture exacte. Comment a-t-on pu imaginer
que Mlle de Scudéry ait jamais appelé un miroir « le conseiller
des grâces » ? Et croit-on vraiment que les précieuses demandaient
à leur laquais de leur « voiturer les commodités de la conversa-
tion » ? Nous avons d'authentiques témoignages sur la langue des
précieuses ; nous en savons assez pour comprendre à quel point
Molière déforme la réalité. Non pas qu'il se trompe, ni qu'il
prétende nous tromper. Mais il écrit une comédie, et il a le droit,
ou il le prend, de forcer les traits, d'exagérer les ridicules. Il
s'abandonne à cette verve satirique qui l'apparente à Aristophane
bien plutôt qu'à Térence. Les Précieuses sont dans son esprit une
caricature bouffonne. Elles ne sont pas, elles ne prétendent pas
être un fidèle tableau de la préciosité.

A. Adam, ouvrage cité, p. 261-263.

– **Paul Bénichou**, dans son essai sur les *Morales du Grand Siècle*
(1948), s'emploie, pour sa part, à analyser l'attitude de Molière
devant les problèmes de la condition féminine.

Ici s'ouvre un débat difficile. Les rapports vrais de Molière avec
la « préciosité » ont été singulièrement obscurcis par le fait qu'on
s'est le plus souvent borné, pour les décrire, à consulter les deux
pièces qu'il a entièrement consacrées à ce sujet, à savoir les
Précieuses ridicules et les Femmes savantes, et qui, isolées du
reste de son œuvre, montrent seulement dans Molière le champion
du bon sens contre les chimères de la littérature romanesque. [...]

Il est de fait que Molière s'en est pris par deux fois, au début et
à la fin de sa carrière, à la galanterie romanesque. Les Précieuses
renferment des allusions expresses au Cyrus, à la Clélie, à la carte
de Tendre, et, sur les trois héroïnes des Femmes savantes, deux
au moins, Armande et Bélise, sont entichées de la philosophie
amoureuse des romans. On croit d'ordinaire résoudre la contra-
diction apparente par laquelle Molière est à la fois l'avocat et le
détracteur de la cause féminine en disant que, solidaire jusqu'à un
certain point de la préciosité dans ses revendications, il en
condamne les excès, et qu'entre la philosophie des barbons et celle
des femmes savantes, il adopte, une fois de plus, le juste milieu. La
vérité semblera moins simple, si l'on songe qu'en bien des cas,
Molière se situe, par l'audace, au-delà et non en deçà des pré-
cieuses. Sa philosophie de l'amour, moins « épurée » que la leur,

plus ouverte à l'instinct et au plaisir, est plus libre de préjugés moraux. C'est plutôt la philosophie des romans, dans son effort pour idéaliser l'amour, qui peut sembler un milieu ingénieusement tracé entre les interdictions traditionnelles et une liberté plus grande, dont les comédies de Molière donneraient l'idée. Ainsi il faudrait dire plutôt, pour éclairer l'attitude double de Molière à l'égard de la préciosité, qu'il se sépare de celle-ci au point où, trop timide, elle s'arrête sur le chemin commencé en commun. Mais cette façon de voir n'est pas non plus entièrement satisfaisante, puisque dans une autre direction, c'est Molière qui s'arrête le premier : ainsi, quand Philaminte prétend élever les femmes au niveau des hommes dans l'ordre de l'esprit, ou refuse de s'intéresser aux choses du ménage, Molière rit à ses dépens, et son rire, cette fois, est conservateur.

Cependant la contradiction, avant d'être dans les sentiments de Molière, est dans les conditions mêmes où se trouve placé le désir féminin d'émancipation. Pareil désir peut se faire jour en effet dans deux directions, qu'une tradition toute-puissante nous montre divergentes l'une de l'autre. Les femmes peuvent demander, à l'encontre de la morale répressive qu'on leur impose, le droit de vivre et de jouir selon le penchant de la nature, – et elles peuvent demander qu'on leur accorde une dignité, un rang égaux à ceux de l'homme ; Molière accède autant qu'il se peut à la première demande et ridiculise volontiers la seconde.

P. Bénichou, *Morales du Grand Siècle*, «Bibliothèque des Idées», Gallimard, 1948, p. 182 et 195-196.

La mise en scène
des *Précieuses ridicules* aujourd'hui
●

Extraits de la revue de presse sur la mise en scène des *Précieuses ridicules* par J.-L. Boutté, à la Comédie-Française, en 1993.

«*Ridicules ces Précieuses-là ? Naïves tout au plus.*»
Daniel Dumas, *L'Avant-Scène*, avril 1993.

Les Précieuses ridicules : *Molière jette là un bon titre, bref et direct, qui reste en tête [...]. Mais un mauvais titre aussi, car Molière annonce des femmes perroquets, sans âme singulière. Et c'est faux. Cathos et Magdelon sont bien plus attachantes que ça. Prenez la peine de les écouter, ces «précieuses», mais de les écouter vraiment, quelques secondes.*
Michel Cournot, *Le Monde*, 17 février 1993.

Dans un décor nu, murs blancs qu'éclairent des sphères transparentes qui tournent comme objets célestes ou bulles de savon,

Boutté met la pièce à nu. Les livres de nos précieuses sont posés à terre. On est dans un espace abstrait (Louis Bercut) qui sert de clinique à l'idéal. L'idéal de ces deux jeunes femmes, belles et charmantes (Claude Mathieu et Isabelle Gardien, égales en grâce et en charme). Point du tout ces «pecques» que moque La Grange, débouté, dépité. Mais bien deux esprits ardents et enthousiastes qui vont se brûler les ailes dans les splendides costumes (toujours Bercut) qui sont leur seule vanité. Gorgibus, le père de Magdelon, l'excellent Igor Tyczka, ne comprend pas ces jeunes ardeurs. Mascarille est là pour achever leur défaite. Mais lui aussi rêve et Thierry Hancisse le donne parfaitement à comprendre. On mentirait si l'on disait que l'on a bien vu Les Précieuses ridicules quand on n'a pas ri une seule fois. Mais jamais la cruauté de la petite comédie, l'amertume déchirante de Molière n'auront été, ici, si pleinement soulignées.

Le Quotidien du Médecin, 24 février 1993.

Sans rien renier du comique féroce des Précieuses, *Jean-Luc Boutté crée un univers de fraîche féerie, pour deux jeunes filles qui rêvent d'un prince charmant, sur le mode du «Il était une fois». Elles sont, ces Précieuses (Claude Mathieu, Isabelle Gardien), ridicules certes, mais attachantes, la tête encombrée de trop de lectures, de rêves, les mains pleines de livres. Et qui, sauf un misogyne – on dit que Molière l'était tout de même un peu –, peut vraiment se moquer de femmes qui entendent se cultiver et ne pas épouser, sans les détours de la cour amoureuse, l'homme que leur père leur destine ? Même si, les naïves, elles se prennent au jeu de deux valets travestis en marquis.*

Odile Quirot, Le Nouvel Observateur, 25 février 1993.

En fait, la satire portait parce qu'elle était elle-même portée par l'air du temps. Las ! on sait que tout ce qui touche à la mode se démode. Et c'est d'autant plus notable ici que les propos tenus par les précieuses, s'ils restent ridicules dans la forme, ne le sont plus tellement sur le fond. [...] Jean-Luc Boutté l'a bien compris qui présente Magdelon et Cathos comme des filles plus maladroites et touchantes que ridicules dans leurs désirs d'approcher un monde où souffle l'esprit. Alors évidemment, la pièce perd de sa drôlerie et son propos devient plus ambigu.

André Lafargue, Le Parisien, 26 février 1993.

Voir aussi l'extrait du compte-rendu de René Solis (*Libération*, 15 février 1993), cité dans «Le jeu comique dans *Les Précieuses*», p. 99.

À PROPOS DE L'ŒUVRE

Dame recevant dans sa ruelle, gravure pour Le Grand Cyrus *de Mlle de Scudéry, par François Chauveau (1613-1676). B.N.*

F. Chauveau jn. et fecit.   (B.N.)

LES MOTS

Au XVIIe siècle, le mot *« précieuse »*, lorsqu'il est employé à propos d'une femme, n'est pas plus favorable qu'aujourd'hui. Les dictionnaires du temps en témoignent :
– Richelet (1680) : *« ce mot, à moins d'être accompagné d'une favorable épithète, se prend toujours en mauvaise part. »*
– Furetière (1690) : *«* Précieuse *est aussi une épithète qu'on donnait autrefois à des filles de grand mérite et de grande vertu, qui savaient le monde, et la langue ; mais parce que d'autres ont affecté et outré leurs manières, cela a décrié le nom, et on les a appelées* fausses Précieuses, *ou* Précieuses ridicules *;* Molière *en a fait une comédie, et de Pure un roman, pour faire sentir le faux mérite des* Précieuses. *»*
L'influence de Molière sur la signification du mot est visible. Notons cependant que dans les poésies d'Eustache Deschamps (1346-1407) et de Charles d'Orléans (1394-1465), le nom de *« précieuse »* est déjà appliqué de façon péjorative aux femmes qui se dérobent à la vie amoureuse.
Dans la comédie de Molière, le mot, en dehors du titre, n'est employé que dans le rôle de La Grange qui dénonce *« l'air précieux »* et raille Magdelon et Cathos : *« c'est un ambigu de précieuse et de coquette que leur personne »* (sc. 1). Ni les deux *« précieuses ridicules »*, ni le marquis de Mascarille ne l'utilisent. Le mot *« préciosité »* est absent du texte de Molière. Il n'apparaît qu'en 1664 pour désigner le comportement des précieux (d'après le *Dictionnaire historique de la langue française*, Le Robert, 1992). Quant à son emploi dans l'analyse littéraire pour désigner un certain maniérisme de la pensée et du style, il remonte seulement à la fin du XIXe siècle. C'est en ce sens que le prend René Bray dans son ouvrage *La Préciosité et les précieux* (Librairie Nizet, Paris, 1960), où il étudie le phénomène depuis les cours d'amour médiévales jusqu'à Jean Giraudoux.

LA PRÉCIOSITÉ AU XVIIe SIÈCLE

Pour l'historien de la préciosité, la période de référence demeure le XVIIe siècle, du règne de Louis XIII aux premières années de celui de Louis XIV. *Les Précieuses ridicules,* en 1659, en marquent en somme le point culminant.
Le développement de la préciosité, au XVIIe siècle, est lié à celui de la vie de société qui s'opère, indépendamment de la Cour, autour de grandes dames qui reçoivent dans leur hôtel particulier. Dans la première moitié du XVIIe siècle, on ne parle pas encore de « salons ». Le mot, qui vient de l'italien *« salone »*, « grande salle », entrera dans l'usage seulement après 1660,

pour de grandes salles de réception. On reçoit dans des chambres d'apparat, et l'on parle de «ruelles» parce que l'usage est que les dames reçoivent allongées sur un lit, les sièges des visiteurs étant disposés entre le lit et le mur, dans cet espace qui s'appelle la ruelle (cf. gravure, p. 79).

L'HÔTEL DE RAMBOUILLET

Le plus célèbre salon (le mot a rétrospectivement prévalu) est, pendant près de quarante ans, celui de Mme de Rambouillet. Catherine de Vivonne, fille de Jean de Vivonne, ambassadeur de France à Rome et d'une princesse italienne, est née à Rome en 1588. Elle a épousé Charles d'Angennes, devenu, en 1611, marquis de Rambouillet.
L'Hôtel de Rambouillet, rue Saint-Thomas-du-Louvre, reconstruit selon ses plans pour la commodité des réceptions, est, à partir de 1620, le lieu de rencontre de l'aristocratie et des écrivains. La période la plus brillante est celle où le poète Voiture (1597-1648) est l'animateur du cercle. Les habitués prennent des surnoms romanesques à l'exemple des héros de *L'Astrée*, le célèbre roman d'Honoré d'Urfé, publié de 1607 à 1627, qui développe, dans un cadre pastoral conventionnel, et en les idéalisant, les amours de bergers et de bergères.
«*L'incomparable Arthénice*» (c'est l'anagramme de Catherine, inventé par le poète Malherbe) reçoit ses amies dans la fameuse «Chambre bleue». Sa fille Julie d'Angennes tient son rôle auprès d'elle à partir de 1625, faisant, plus qu'elle, figure de précieuse : objet d'une cour assidue du duc de Montausier, elle ne l'épouse qu'en 1645, à trente-huit ans.
À l'Hôtel de Rambouillet, les jeux littéraires se mêlent aux plaisirs mondains. Ils paraîtront aujourd'hui assez vains : la poésie galante, les concours poétiques sur la mort d'un perroquet ou le thème de la Belle Matineuse, dans l'éclat de son réveil, la composition de la Guirlande de Julie où des fleurs adressent leur hommage à la fille de la marquise, les énigmes et les portraits ont les limites de leurs sujets.
Il ne faudrait cependant pas méconnaître l'affinement du style et du sens psychologique qu'ils ont favorisé.

LA BANALISATION DE LA PRÉCIOSITÉ

Il existe, naturellement, d'autres salons, mais ils n'ont pas l'importance de celui de la marquise de Rambouillet. René Bray mentionne «*ceux de Mme de Sablé, de Mlle de Montpensier, de Mme Scarron, de Mlle de Sully, de Mme de Choisy, de Mme de la Suze, et même d'une roturière comme Mlle Robineau, mais, surtout, celui de Mlle de Scudéry»* (ouvrage cité, p. 125). Ils ne sont pas tous également marqués par la mode précieuse. R. Bray situe la diffusion de celle-ci vers 1650 en se fondant sur les témoignages de Somaize et de l'abbé de Pure.

Le premier, dans son *Dictionnaire des Précieuses* (1661), assure que l'on parle des précieuses *«de plus en plus depuis sept ou huit ans»*. Le second, dans *La Précieuse ou le Mystère des ruelles* (1656), s'en étonne avec esprit :

> *Il est impossible de savoir comment le débit s'en est fait et comment la chose s'est rendue si commune. Il n'est plus de femme qui n'affecte d'avoir une précieuse [...]. Quand on entre dans une ruelle, comme les duchesses ont leur rang dans le cercle, ainsi la précieuse a le sien.*
>
> R. Bray, ouvrage cité, p. 126.

Antoine Adam croit même pouvoir être plus précis : *«La préciosité est une mode qui apparaît en 1651.»* (*Histoire de la littérature française au XVIIe siècle,* tome II, p. 20, Domat, 1954).

LE SALON ET LES ROMANS DE MLLE DE SCUDÉRY

Mlle de Scudéry occupe une place éminente à partir de 1651, parce qu'elle revendique la succession de Mme de Rambouillet et qu'elle est l'auteur de deux romans qui symbolisent l'esprit précieux, comme le prouve l'ironie de Molière à leur égard. Madeleine de Scudéry a, tout d'abord, été moins connue que son frère Georges. Ils sont nés au Havre, lui en 1601, elle en 1607, d'un père quelque peu corsaire. Georges entre dans l'armée et suit une carrière militaire avant d'entamer en 1629 une carrière d'auteur dramatique à succès. Émule et rival de Corneille (il a critiqué *le Cid*), il est l'auteur de tragi-comédies romanesques, dont quatre sont inspirées de *L'Astrée,* et de deux tragédies. Madeleine commence sa carrière de romancière en 1641 avec *Ibrahim ou l'illustre Bassa,* un roman héroïque à cadre oriental, écrit en collaboration avec son frère et publié sous le nom de celui-ci. Les Scudéry ont une place dans la société mondaine et littéraire et fréquentent l'Hôtel de Rambouillet.

Georges et Madeleine collaborent encore pour *Artamène ou le Grand Cyrus* (1649-1653), autre roman à sujet héroïque et galant, librement situé dans la Perse du VIe siècle avant J.-C. Selon Antoine Adam, les premiers volumes ne se distinguent pas, par leur matière et leur esprit, des romans à la mode de Gomberville ou La Calprenède qui peignent *«la vie non pas certes réelle, mais idéalisée d'une aristocratie galante et guerrière »* (ouvrage cité, p. 129).

Au Ve volume, le *Grand Cyrus* devient *« le tableau de la société galante »* (p. 129). Mlle de Scudéry, depuis 1651, s'est mise à recevoir le samedi dans son appartement de la rue de Beauce. Elle dépeint désormais, sous des pseudonymes romanesques, la société qui fréquente *« les samedis de Sapho »* (c'est le nom qu'elle s'est donné), ainsi que celle de l'Hôtel de Rambouillet. Dans son roman suivant, *Clélie, histoire romaine* (10 vol., 1654-1660), elle continue d'utiliser le même procédé.

L'action a pour cadre la guerre que Tarquin le Superbe soutient contre Rome, après en avoir été chassé, pour tenter de reprendre la ville avec le concours du roi étrusque Porsenna. Clélie est cette jeune Romaine qui, en 507 av. J.-C., se jeta dans le Tibre pour échapper aux Étrusques, mais elle est, ici, surtout occupée d'amour. Elle hésite entre deux soupirants : Aronce, fils du roi Porsenna, et Horatius Coclès, le célèbre héros romain.

Une carte allégorique du pays de l'Amour, *La Carte du Tendre* (cf. gravure pp. 86-87 et « Document » ci-après, p. 84), l'aide à voir clair en son cœur. Elle finit par épouser Aronce, mais après mille péripéties, comme le rappelle Magdelon dans *Les Précieuses ridicules* (sc. 4). De pseudo-Romains, en qui Mlle Scudéry peint ses familiers, se livrent à des doctes discussions sur des questions de galanterie, et le roman présente par là, pour les lecteurs contemporains, le piquant d'une œuvre à clés en même temps que la valeur d'un guide de casuistique galante. Affirmant des convictions que l'on dirait aujourd'hui « féministes », Mlle de Scudéry dénonce la coutume qui enferme les femmes dans l'ignorance et dans l'obéissance et plaide pour leur émancipation avec force, si bien qu'A. Adam la dit *« résolument moderne »* (p. 132).

LE BILAN DE LA PRÉCIOSITÉ

Ce bilan n'est nullement méprisable, et l'équité demande qu'on n'en reste pas à la satire de Molière qui, en raison du genre qu'il pratique, retient des précieuses ce qui se prête au jeu comique et à la caricature.

Roger Lathuillière, en conclusion de son ouvrage *La Préciosité, étude historique et linguistique* (1969), propose des pistes de réflexion à retenir.

> *En dépit des sacrifices qu'elle consent, de temps à autre, aux grâces de la légèreté et de l'amusement conduites par Voiture et quelques-uns de ses émules, Sarasin notamment, elle a une pré-*

dilection toute particulière pour les occupations sérieuses. Elle a une haute idée d'elle-même et des tâches qu'elle a à accomplir. Qu'il s'agisse de littérature, de poésie, de morale, d'instruction féminine, de mariage ou de questions de langue, elle aborde tous les sujets avec confiance, et même avec audace. Elle veut pousser plus avant la connaissance de l'homme intérieur ; elle désire explorer les zones inconnues de l'âme et apporter des nuances nouvelles, d'une délicatesse encore insoupçonnée, dans l'analyse des sentiments. Elle conçoit la vie et l'amour, et l'anatomie des cœurs, comme un moyen de culture de soi. Aussi, quelle que soit l'importance qu'elle accorde aux belles passions, ne cesse-t-elle de donner la première place à l'intelligence et à la raison. [...]

C'est surtout à l'égard des femmes qu'elle joue son rôle le plus important. Comme elle leur doit beaucoup et qu'elle a été largement façonnée par elles, elle leur accorde en retour sa prédilection. Elle veut les affranchir de toutes les servitudes qui les enchaînent encore. À l'ignorance dans laquelle on les maintient, elle désire substituer une solide formation intellectuelle qui leur apporte des lumières dans tous les domaines de l'art, de la science et de la littérature. À la tutelle des parents et du mari, elle prétend faire succéder la liberté du choix, l'indépendance et la responsabilité personnelle. Elle a l'ambition de les délivrer des charges astreignantes du ménage et des maternités trop nombreuses, pour qu'elles puissent épanouir pleinement leurs facultés intellectuelles. Par de telles audaces, elle ébranle bien des traditions et des situations acquises.

Roger Lathuillère, *La Préciosité, étude historique et linguistique*, tome I, Librairie Droz, Genève, 1969.

On lira avec intérêt quelques poèmes précieux dans l'ouvrage de X. Darcos et B. Tartaire, *Le XVIIᵉ siècle en littérature*, collection « Perspectives et confrontations », Hachette, 1987. Voir « Le goût et l'idéal précieux », pp. 86-98.

DOCUMENT : *LA CARTE DU TENDRE*

La célèbre *Carte du Tendre*, insérée par Mlle de Scudéry dans son roman *Clélie* (tome I, 1655), est le développement d'un badinage galant entre la romancière et le poète Pélisson qui lui faisait la cour. Il s'agit d'une carte allégorique des chemins qui mènent à l'amour. L'abbé d'Aubignac prétendit avoir eu le premier l'idée de ce genre de métaphore géographique avec son *Royaume de Coquetterie* (1654). D'autres cartes allégoriques l'avaient précédée ou l'imitèrent. R. Bray, qui les récapitule (ouvrage cité, p. 160-161), les attribue toutes à la mode précieuse, qu'elles soient d'esprit romanesque ou satirique. Pour sa part, la *Carte du Tendre* ouvre la voie aux analyses du roman psychologique. «*On ne saurait nier qu'il y a là [et on le verrait mieux dans le commentaire de Mlle de Scudéry] une analyse délicate et précise des nuances et des progrès du sentiment amoureux.*» (R. Bray, p. 164.)

Comment lire la *Carte du Tendre*

•

Vous vous souvenez sans doute bien, madame, qu'Herminius avait prié Clélie de lui enseigner par où l'on pouvait aller de Nouvelle-Amitié à Tendre, de sorte qu'il faut commencer par cette première ville qui est au bas de cette carte pour aller aux autres ; car, afin que vous compreniez mieux le dessein de Clélie, vous verrez qu'elle a imaginé qu'on pouvait avoir de la tendresse par trois causes différentes : ou par une grande estime, ou par reconnaissance, ou par inclination ; et c'est ce qui l'a obligée à établir ces trois villes de Tendre sur trois rivières qui portent ces trois noms et de faire aussi trois routes différentes pour y aller. Si bien que, comme on dit Cumes sur la mer d'Ionie et Cumes sur la mer Tyrrhène, elle fait qu'on dit Tendre-sur-Inclination, Tendre-sur-Estime et Tendre-sur-Reconnaissance.

Le chemin de Tendre-sur-Inclination

•

Cependant comme elle a présupposé que la tendresse qui naît par inclination n'a besoin de rien autre chose pour être ce qu'elle est, Clélie, comme vous le voyez, madame, n'a mis nul village le long des bords de cette rivière qui va si vite qu'on n'a que faire de logement le long de ses rives pour aller de Nouvelle-Amitié à Tendre.

Le chemin de Tendre-sur-Estime

•

Mais, pour aller à Tendre-sur-Estime, il n'en est pas de même, car Clélie a ingénieusement mis autant de villages qu'il y a de petites et de grandes choses qui peuvent contribuer à faire naître par estime cette tendresse dont elle entend parler. En effet vous voyez que de Nouvelle-Amitié on passe à un lieu qu'on appelle Grand-Esprit, parce que c'est ce qui commence ordinairement l'estime ; ensuite vous voyez ces agréables villages de Jolis-Vers, de Billet-Galant et de Billet-Doux, qui sont les opérations les plus ordinaires du grand esprit dans les commencements d'une amitié. Ensuite, pour faire un plus grand progrès dans cette route, vous voyez Sincérité, Grand-Cœur, Probité, Générosité, Respect, Exactitude et Bonté, qui est tout contre Tendre, pour faire connaître qu'il ne peut y avoir de véritable estime sans bonté et qu'on ne peut arriver à Tendre de ce côté-là sans avoir cette précieuse qualité.

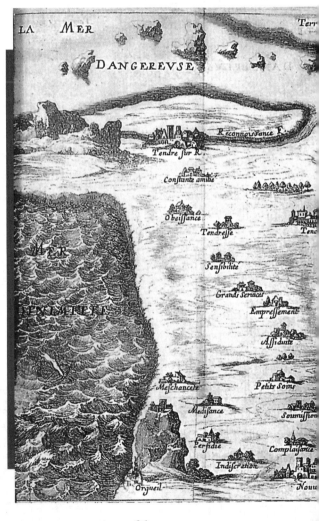

Le chemin de Tendre-sur-Reconnaissance

•

Après cela, madame, il faut, s'il vous plaît, retourner à Nouvelle-Amitié pour voir par quelle route on va de là à Tendre-sur-Reconnaissance. Voyez donc, je vous en prie, comment il faut aller d'abord de Nouvelle-Amitié à Complaisance ; ensuite à ce petit village qui se nomme Soumission et qui touche un autre fort agréable qui s'appelle Petits-Soins. Voyez, dis-je, que de là il faut passer par Assiduité [...]. Ensuite vous voyez qu'il faut passer à un autre village qui s'appelle Empressement [...]. Après cela vous voyez qu'il faut passer à Grands-Services et que, pour marquer qu'il y a peu de gens qui en rendent de tels, ce village est plus petit que les autres. Ensuite il faut passer à Sensibilité, pour faire connaître qu'il faut sentir jusqu'aux plus petites douleurs de ceux qu'on aime. Après il faut, pour arriver à Tendre, passer par Tendresse, car l'amitié attire l'amitié. Ensuite, il faut aller à Obéissance [...] et, pour arriver enfin où l'on veut aller, il faut passer à Constante-Amitié, qui est sans doute le chemin le plus sûr pour arriver à Tendre-sur-Reconnaissance.

Les chemins dangereux à éviter

•

Mais, madame, comme il n'y a point de chemins où l'on ne se puisse égarer, Clélie a fait, comme vous le pouvez voir, que si ceux qui sont à Nouvelle-Amitié prenaient un peu plus à droite ou un peu plus à gauche, ils s'égareraient aussitôt ; car, si au partir de Grand-Esprit, on allait à Négligence que vous voyez tout contre sur cette carte, qu'ensuite continuant cet égarement on aille à Inégalité, de là à Tiédeur, à Légèreté et à Oubli, au lieu de se trouver à Tendre-sur-Estime on se trouverait au lac d'Indifférence [...]. De l'autre côté, si, au partir de Nouvelle-Amitié, on prenait un peu trop à gauche et qu'on allât à Indiscrétion, à Perfidie, à Orgueil, à Médisance ou à Méchanceté, au lieu de se trouver à Tendre-sur-Reconnaissance, on se trouverait à la mer d'Inimitié où tous les vaisseaux font naufrage et qui, par l'agitation de ses vagues, convient sans doute fort juste avec cette impétueuse passion que Clélie veut représenter. Ainsi elle fait voir par ces routes différentes qu'il faut avoir mille bonnes qualités pour l'obliger à avoir une amitié tendre et que ceux qui en ont de mauvaises ne peuvent avoir part qu'à sa haine ou à son indifférence.

(Les intertitres sont ajoutés pour faciliter la lecture.)

PARCOURS THÉMATIQUE

> « ... la réussite qu'elles eurent lui fit connaître que l'on aimait la
> satire... »
> Donneau de Visé, *Nouvelles nouvelles,* 3ᵉ partie.

La prérogative des auteurs satiriques est de se moquer des travers et des ridicules de leurs contemporains. Ce droit leur est volontiers reconnu par le public, pour peu qu'ils sachent amuser avec adresse et esprit. Il repose, en outre, sur la reconnaissance d'une fonction sociale qui est de dénoncer, et de sanctionner par le rire, les outrances de caractère et de comportement qui heurtent le sens commun, ou encore, par le grossissement comique d'usages et d'idées reçus, d'appeler au respect de valeurs plus légitimes.

Dans sa *Préface* de l'édition des *Précieuses ridicules* (cf. p. 10), Molière explique ses *«intentions»*. Il souligne que sa comédie *« se tient partout dans les bornes de la satire honnête et permise»,* et il affirme que *«les véritables précieuses auraient tort de se piquer lorsqu'on joue les ridicules qui les imitent mal »*. En somme, il développe le sens de son titre pour rassurer les salons précieux. Les habitués de l'Hôtel de Rambouillet et Mlle de Scudéry vinrent, dit-on, l'applaudir.

Qui, en fait, est touché par la satire ? L'ensemble des précieuses, dont le romanesque et l'idéalisme sont mis en cause. Mais aussi, la tradition bourgeoise qui leur est opposée sous les traits de Gorgibus. Et les beaux-esprits•, et les petits marquis, et les gens d'épée, qu'imitent et parodient le marquis de Mascarille et le vicomte de Jodelet. Et même, les comédiens de l'Hôtel de Bourgogne et les cabales des théâtres. Les railleries et la dérision s'exercent dans toutes sortes de directions. La revue en est à faire. Il s'agit aussi, à propos du mariage et de la place des femmes dans la société, de cerner les questions que pose la pièce. Molière reviendra plusieurs fois sur ces questions dans ses comédies ultérieures, *L'École des maris* (1661), *L'École des femmes* (1662), *Les Femmes savantes* (1672), où se précisent ses réponses.

ÉTUDE

Les procédés satiriques de Molière
•

Observer
– **le grossissement caricatural**. Il tient aux personnages mis en scène :
Magdelon et Cathos ne sont pas des précieuses parisiennes ayant l'expérience des ruelles, mais deux bourgeoises provin-

ciales qui imitent avec une application naïve la mode du moment et aspirent à entrer dans un monde dont elles n'ont pu, jusqu'à présent, que rêver en lisant le *Grand Cyrus* et la *Clélie*; Gorgibus est aussi, du fait de son origine provinciale, propre à donner de l'esprit bourgeois et de l'autorité paternelle une image grotesque aux yeux du public parisien, même bourgeois; son costume archaïque dit ce qu'il est (cf. Bourgeois*);

le marquis de Mascarille et le vicomte de Jodelet sont des valets travestis qui imitent les jeunes gentilshommes et les beaux esprits•; le premier le fait avec talent, se pique au jeu et renchérit d'affectation; le second s'y applique avec lourdeur et gaucherie (cf. *Valet*).

– la schématisation et l'accumulation des traits caractéristiques : Voir, à ce sujet, les thèmes de la satire développés ci-dessous.

Le fonctionnement de la parodie
•

Une parodie est une imitation grotesque, d'intention ironique et railleuse. Molière, comme auteur et metteur en scène, et comme acteur quand il tient le rôle de Mascarille, parodie les précieuses, les petits marquis, les beaux esprits, les pères bornés et prisonniers du passé.

Gorgibus est traditionaliste avec gravité et sert d'antithèse aux modes parisiennes.

Magdelon et Cathos imitent l' *« air précieux »* de leur mieux, avec une parfaite sincérité.

L'attitude de Mascarille est plus complexe : *« C'est un extravagant, qui s'est mis dans la tête de vouloir faire l'homme de condition. Il se pique ordinairement de galanterie et de vers, et dédaigne les autres valets, jusqu'à les appeler brutaux. »* Ainsi le présente La Grange, son maître (sc. 1). Ayant reçu de celui-ci mission de s'habiller en marquis pour séduire deux provinciales touchées par *« l'air précieux »*, il déploie son grand jeu, en séducteur qui se joue de la naïveté de ses interlocutrices. Il connaît bien les petits marquis, qu'il envie sans doute, et imite parfaitement leur prétention insolente. Ses paroles révèlent parfois qu'il jette déjà sur les maîtres le même regard que Figaro : *« Les gens de qualité savent tout sans avoir rien appris. »* (sc. 9, l. 187-188). Son pastiche d'imposteur sonne alors comme une revanche de valet et comme une parodie consciente.

Quant à Jodelet, l'Enfariné mal déguisé, il fait surtout rire de lui-même et sert de compère à Mascarille, plus qu'il n'est porteur de satire (cf. *« Le jeu comique dans Les Précieuses ridicules »*, p. 99).

La satire des précieuses

•

Observer les points sur lesquels, par la peinture de Magdelon et de Cathos, porte la satire des précieuses :

• **L'affectation dans les manières**

Celle de Magdelon et de Cathos est évoquée par La Grange et explicitement attribuée à «*l'air précieux*» (= la mode précieuse), (sc. 1) ; elle se traduit, dans leur jugement sur La Grange et Du Croisy (sc. 4), dans leur attitude à l'égard de Gorgibus (sc. 4), dans l'accueil qu'elles font au marquis de Mascarille et au vicomte de Jodelet (sc. 9 et 11).

• **Le snobisme**

«*Ah ! ma chère, un marquis !*» (sc. 6) ; considérations sur Paris, les beaux esprits, les ruelles, la poésie galante, la mode (sc. 9).

• **Le langage**

Magdelon et Cathos, mais aussi Mascarille, le bel esprit, donnent, évidemment, dans le langage à la mode ; Molière en révèle les tics et les ridicules, mais il est évident que, pour les besoins de la satire, il va jusqu'à la caricature.

Il est facile de relever :

– les <u>mots à la mode</u> : «*tour*», «*chose*», «*air*», «*galant*», «*galanterie*», «*bourgeois* et *marchand*» (au sens de «vulgaire»), «*brutal*», «*ma chère*» ;

– les <u>adverbes superlatifs</u> : «*furieusement*», «*terriblement*», «*particulièrement*», «*diablement*», «*effroyablement*» ;

– les <u>adjectifs «*dernier*» et «*furieux*»</u> utilisés comme superlatifs : «*du dernier bourgeois*» (sc. 4) ; «*un furieux tendre*» (sc. 11) ; etc. ;

– l'<u>abus de toutes les formes de superlatifs :</u> «*il y a toutes les apparences du monde*» (sc. 5) ; etc. ;

– le goût des <u>exclamations hyperboliques</u> stéréotypées : «*j'ai mal au cœur de la seule vision que cela me fait*» (sc. 4) ; «*on n'y dure point, on n'y tient pas !*» (sc. 4) ; «*ce sont là de ces sortes de choses qui ne se peuvent payer.*» (sc. 9) ; «*est-ce qu'on n'en meurt point ?*» (sc. 9) ;

– le goût des <u>mots abstraits</u> : «*La brutalité de la saison a furieusement outragé la délicatesse de ma voix.*» (sc. 9) ; «*la réflexion de votre odorat*» (sc. 9) ;

– l'abondance des <u>adjectifs substantivés</u> : «*pousser le doux, le tendre et le passionné*» (sc. 4), «*donner de notre sérieux dans le doux de votre flatterie*» (sc. 9) ; etc. ;

– le <u>goût des métaphores</u> de toutes origines :
Langage militaire : «*je suis posté commodément*» (sc. 8) ; termes du jeu de piquet : «*vous allez faire pic, repic et capot tout ce qu'il y a de galant dans Paris !*» (sc. 9) ; langage religieux : «*un jeûne effroyable de divertissements*» (sc. 9) ; etc.

Elles sont parfois filées par Mascarille et Magdelon qui se donnent la réplique (sc. 9, début, thème de la chasse, puis, thème de la peur et de la fuite devant le danger). Noter les métaphores triviales que, dans une intention comique, Molière prête à Mascarille : *«je m'en vais gagner au pied»* (sc. 9) ; *«nos libertés auront peine à sortir d'ici les braies nettes»* (sc. 11). Molière tire un effet parodique de l'accumulation et de la diversité des métaphores, mais aussi de l'emploi insolite de métaphores comme substituts de mots courants : *«un nécessaire»* pour *«un laquais»*, *«le conseiller des grâces»* pour *«un miroir»* (sc. 6) ; *«voiturez-nous ici les commodités de la conversation»* pour *«apportez les fauteuils»* (sc. 9). Il est évident que personne n'a jamais parlé ainsi. Molière abrège en une métaphore une comparaison ou une qualification. Montrant que le procédé permet de ridiculiser n'importe quelle comparaison ou métaphore, le linguiste Ferdinand Brunot conclut : *«c'est là un procédé de polémique, non la reproduction d'un usage quelconque»* (*Histoire de la langue française,* tome II, ch. IX, *La Préciosité*).

Questions à examiner :

– Quel principe guide Molière dans sa satire du langage précieux ?

– Quel rapport y a-t-il entre le goût des précieuses pour les hyperboles et les autres aspects de leur comportement ?

– Quels termes de la langue des précieuses sont entrés dans l'usage courant ? Quels procédés d'expression raillés par Molière se sont même développés aujourd'hui ?

– Relevez dans le français qui se parle et s'écrit aujourd'hui des travers, des manies et des abus. Rédigez un texte d'esprit satirique, propre à les mettre en lumière.

• **Le romanesque, la conception de l'amour et du mariage**

Magdelon et Cathos ont lu les romans de Mlle de Scudéry, *Le Grand Cyrus* et *Clélie* dont le succès est alors immense (cf. «Les précieuses et la préciosité au XVIIᵉ siècle», p. 80).

Analyser d'après les scènes 4 et 5 :

– les aspects de ces romans dont se moque Molière ;

– l'usage que Magdelon et Cathos font de leurs lectures ;

– leurs griefs contre La Grange et Du Croisy ;

– ce que Magdelon demande à son père, et la différence d'attitude entre les deux cousines devant le mariage (cf. *Mariage**).

Questions à examiner :

– Par quels aspects de leurs propos Magdelon et Cathos sont-elles comiques ?

– Qu'est-ce qui choque fondamentalement Gorgibus dans leur attitude ? Sur qui et sur quoi la satire tombe-t-elle dans l'affrontement qui l'oppose à sa fille et à sa nièce ?

– Que penser de cette remarque : « [...] *les propos tenus par les précieuses, s'ils restent ridicules dans la forme, ne le sont plus tellement sur le fond* » ? (André Lafargue, *Le Parisien*, 26 février 1993) Cf. « Jugements et critiques », revue de la presse à propos de la mise en scène des *Précieuses* en 1993, p. 77.

La satire de l'esprit bourgeois
•

Gorgibus est une représentation caricaturale des pères de la tradition bourgeoise : son habit, ses manières (voir le témoignage de Mlle Desjardins p. 71), ses propos, ses idées, tout le montre. (Cf. *Bourgeois**)

La Grange et Du Croisy n'ont pas de ridicule extérieur ; mais, sur le mariage et la condition des femmes dans le mariage, pensent-ils autrement que Gorgibus, dont ils sont disposés à épouser la fille et la nièce ? Leur amour-propre blessé leur inspire une vengeance assez cruelle. Le jeu comique empêche qu'on s'interroge sur sa légitimité. Cette vengeance n'est-elle pas, cependant, la preuve de leurs préjugés anti-féministes ?

Questions à examiner :
– Quel fait de mœurs explique l'attitude de Gorgibus vis-à-vis de sa fille et de sa nièce ?
– Quel regard Molière invite-t-il à jeter sur Gorgibus ? sur le mode de vie bourgeois traditionnel ?
– Quelles réponses Molière apporte-t-il dans ses œuvres ultérieures aux préjugés contre l'évolution de la condition des femmes ? (cf. documents ci-dessous).

La satire des petits marquis et des gens d'épée
•

Voir à ce sujet *Marquis**.
Questions à examiner :
– Qu'est-ce qui rapproche précieuses et petits marquis ?
– Quels défauts ont-ils en commun ?

La satire des comédiens de l'Hôtel de Bourgogne
•

Le marquis de Mascarille fait l'éloge des «*Grands Comédiens*» (sc. 9, l. 246-253). C'est à eux qu'il confiera la comédie qu'il prétend avoir écrite : « [...] *les autres sont des ignorants qui récitent comme l'on parle*». *Les Précieuses ridicules* témoignent de la rivalité qui oppose Molière et l'Hôtel de Bourgogne (cf. «Jouer à Paris en 1659», p. 62). Elle va s'aviver du fait de ses succès et culminer avec la querelle de *L'École des femmes* en 1663. Cf. «Jugements et critiques», p. 72. Dans *L'Impromptu de Versailles* (1663), où il met en scène le travail de sa troupe pour répondre à une commande du Roi, Molière s'en prendra à nouveau au style pompeux dans lequel les comédiens de l'Hôtel de Bourgogne jouent la tragédie.

Question à examiner :
– Que peut-on déduire de ces textes au sujet du jeu théâtral de la troupe de Molière?

LA LEÇON DES *PRÉCIEUSES RIDICULES*

Molière partage nécessairement avec son public le sentiment du ridicule des attitudes qu'il dépeint, puisque *Les Précieuses ridicules* ont eu du succès. L'affectation des précieuses, des beaux esprits, des petits marquis, des Grands Comédiens et la raideur des bourgeois prisonniers des vieilles mœurs prennent, dans la mise en scène, une sorte d'évidence comique. Leur défaut commun est de manquer de naturel et d'authenticité. Ces notions de naturel et d'authenticité sont, au demeurant, difficiles à cerner et ont un caractère relatif. Molière se contente d'en apporter, par son action satirique, la révélation indirecte en faisant que le rire sanctionne le ridicule et éveille la lucidité. Pas de «raisonneur», pas d'«honnête homme» opposés aux personnages ridicules, comme Ariste l'est à Sganarelle dans *L'École des maris* (1661), Chrysalde à Arnolphe dans *L'École des femmes* (1662) ou Cléante à Orgon dans *Tartuffe* (1669). Ne demandons pas à la farce des *Précieuses* plus que ne peut apporter un seul acte d'esprit burlesque. À bien considérer ce jeu comique, on verra, cependant, qu'il préfigure le fonctionnement de la comédie de mœurs que va désormais pratiquer Molière. Patrick Dandrey caractérise ce fonctionnement en des termes qui s'appliquent parfaitement aux *Précieuses ridicules* :

> *Pour le mettre en évidence et en relief, la comédie oppose au ridicule des valeurs, des sentiments, des attitudes dont on voit bien la cohérence de principe : l'authenticité de l'homme, la probité du comédien, l'honnêteté du poète, la spontanéité du rire, l'évidence du bon goût et du bon sens, la vraisemblance du ridicule, la vérité des caractères, la transparence des signes, tout*

cela dessine un réseau dont le naturel *nous paraît constituer le* principe.

Patrick Dandrey, *Molière ou l'esthétique du ridicule*, Klincksieck, Paris, 1992, p. 221.

Sur le problème du mariage et de la condition des filles qui oppose les deux *«précieuses ridicules»* et Gorgibus, Molière reviendra dans plusieurs comédies (cf. «Documents», ci-dessous). Il plaide constamment en faveur de l'évolution des mœurs et rejoint les précieuses dans la contestation des mariages imposés et des préjugés traditionnels qui pèsent sur la condition des femmes. Cependant, à leur conception romanesque de l'amour, il oppose des conduites spontanées et «naturelles» comme celle d'Agnès (*L'École des femmes*) et celle d'Henriette (*Les Femmes savantes*). Et sa satire des «savantes» le place en retrait sur les précieuses à propos de l'accès des femmes aux activités intellectuelles. Voir Paul Bénichou, *Morales du Grand Siècle*, extrait cité p. 76.

DOCUMENTS

Sganarelle ou le Cocu imaginaire

•

Dans *Sganarelle ou le Cocu imaginaire* (mai 1660), Molière exploite à nouveau le comique des remontrances qu'un père adresse à sa fille qui se rebelle contre son autorité. Ce père s'appelle encore Gorgibus. Il est *«bourgeois de Paris»* et veut contraindre sa fille Célie, qui aime Lélie, à épouser Valère qu'il n'a pas encore rencontré, mais qu'il juge *«très honnête homme»*, car il vient d'hériter de *«vingt mille bons ducats»*.

> *Voilà, voilà le fruit de ces empressements*
> *Qu'on vous voit nuit et jour à lire vos romans :*
> *De quolibets[1] d'amour votre tête est remplie,*
> *Et vous parlez de Dieu bien moins que de Clélie.*
> *Jetez-moi dans le feu tous ces méchants écrits,*
> *Qui gâtent tous les jours tant de jeunes esprits.*
> *Lisez-moi comme il faut, au lieu de ces sornettes,*
> *Les* Quatrains[2] *de Pibrac, et les doctes* Tablettes[2]
> *Du conseiller Matthieu, ouvrage de valeur,*

---

1. ici au sens de «divagations», qui tient à l'origine du mot.
2. Les *Quatrains* de Pibrac, les *Tablettes* du conseiller Matthieu sont, on le devine, des ouvrages de morale pour les jeunes filles. *La Guide des Pécheurs* est un livre de direction spirituelle.

> *Et plein de beaux dictons à réciter par cœur.*
> La Guide des pécheurs *est encore un bon livre :*
> *C'est là qu'en peu de temps on apprend à bien vivre ;*
> *Et si vous n'aviez lu que ces moralités,*
> *Vous sauriez un peu mieux suivre mes volontés.*

> Acte I, sc. 1, v. 27-40.

L'École des maris
•

Dans *L'École des maris,* comédie en trois actes et en vers (1661), Molière traite du problème de l'éducation et de la liberté des filles.

Deux frères, Ariste et Sganarelle, élèvent deux orphelines que leur père leur a confiées à sa mort, en les chargeant de leur trouver un mari ou de les épouser. Ariste, l'aîné, élève Léonor avec libéralisme et lui permet les divertissements dont sa fortune offre les moyens. Sganarelle, quoiqu'il soit de vingt ans son cadet, est au contraire un homme attaché aux vieilles mœurs et à la sévérité dans l'éducation des filles. Aussi, retient-il Isabelle à la maison afin, puisqu'il est résolu à l'épouser, de ne point porter de cornes. On devine la suite : Isabelle échappera à Sganarelle, tandis que Léonor épousera Ariste. Voici comment Ariste justifie devant son frère la façon dont il permet à Léonor de vivre :

> *Des moindres libertés je n'ai point fait des crimes.*
> *À ses jeunes désirs j'ai toujours consenti,*
> *Et je ne m'en suis point, grâce au Ciel, repenti.*
> *J'ai souffert qu'elle ait vu les belles compagnies,*
> *Les divertissements, les bals, les comédies ;*
> *Ce sont choses, pour moi, que je tiens de tout temps*
> *Fort propres à former l'esprit des jeunes gens ;*
> *Et l'école du monde, en l'air dont il faut vivre*
> *Instruit mieux, à mon gré, que ne fait aucun livre.*

> Acte I, sc. 2, v. 185-192.

L'École des femmes
•

Dans *L'École des femmes,* comédie en cinq actes et en vers (1662), Molière représente le ridicule d'Arnolphe qui se déchaîne contre les libertés dont jouissent les femmes dans la vie mondaine parisienne. Il élève Agnès, sa pupille, dans une complète ignorance, à l'écart de toute vie sociale, dans le dessein de l'épouser sans s'exposer au péril d'être cocu. Précaution et résolution inutiles : Agnès lui échappe, bien qu'il en vienne à lui promettre toutes les complaisances.

Voici Arnolphe dénonçant la société des ruelles et expliquant son plan à son ami Chrysalde, qui ne peut le faire revenir de son entêtement :

> Je crois, en bon chrétien, votre moitié fort sage ;
> Mais une femme habile[1] est un mauvais présage ;
> Et je sais ce qu'il coûte à de certaines gens
> Pour avoir pris les leurs avec trop de talents.
> Moi, j'irais me charger d'une spirituelle[2]
> Qui ne parlerait rien que cercle et que ruelle,
> Qui de prose et de vers ferait de doux écrits,
> Et que visiteraient marquis et beaux esprits,
> Tandis que, sous le nom du mari de Madame,
> Je serais comme un saint que pas un ne réclame[3] ?
> Non, non, je ne veux point d'un esprit qui soit haut,
> Et femme qui compose en sait plus qu'il ne faut.
> Je prétends que la mienne, en clartés peu sublime,
> Même ne sache pas ce que c'est qu'une rime ;
> Et s'il faut qu'avec elle on joue au corbillon[4]
> Et qu'on vienne à lui dire à son tour : « Qu'y met-on ? »
> Je veux qu'elle réponde : « Une tarte à la crème » ;
> En un mot, qu'elle soit d'une ignorance extrême ;
> Et c'est assez pour elle, à vous en bien parler,
> De savoir prier Dieu, m'aimer, coudre et filer.

Acte 1, sc. 1, v. 83-102.

Les Femmes savantes
•

Dans *Les Femmes savantes*, comédie en cinq actes et en vers (1672), Molière joint à la satire des précieuses celle des savantes. Quatre femmes sont les héroïnes de la comédie. Philaminte, qui est une pédante plutôt qu'une savante, donne dans la science et la philosophie pour prouver que le sexe féminin vaut le masculin, en vertu de quoi elle mène son mari par le bout du nez. Sa fille Armande et sa belle-sœur Bélise sont des précieuses. Armande est de l'espèce de celles qui refusent le mariage au nom de la pureté du véritable amour. Bélise est une vieille fille qui s'imagine que tous les hommes soupirent pour elle. Quant à sa seconde fille, Henriette, elle est

---

1. intelligente et instruite.
2. une femme d'esprit.
3. à qui personne ne s'adresse.
4. dans ce jeu d'enfant, la réponse à la question : « Qu'y met-on ? » doit rimer avec celle-ci.

animée de sentiments simples : elle aime Clitandre et aspire à l'épouser. Au mot de mariage, prononcé par Henriette, Armande exprime une répugnance qui rappelle celle de Cathos.

ARMANDE

Ah, fi ! vous dis-je.
Ne concevez-vous point ce que, dès qu'on l'entend,
Un tel mot à l'esprit offre de dégoûtant ?
De quelle étrange image on est par lui blessée ?
Sur quelle sale vue il traîne la pensée ?
N'en frissonnez-vous point ? et pouvez-vous, ma sœur,
Aux suites de ce mot résoudre votre cœur ?

HENRIETTE

Les suites de ce mot, quand je les envisage,
Me font voir un mari, des enfants, un ménage ;
Et je ne vois rien là, si j'en puis raisonner,
Qui blesse la pensée et fasse frissonner.

Acte I, sc. 1, v. 8-18.

Plus loin, Armande développe sa conception du « parfait amour » devant Clitandre qui avait commencé par lui faire la cour, mais que son idéalisme a découragé. Elle voudrait le garder sous sa domination.

ARMANDE

Vous ne sauriez pour moi tenir votre pensée
Du commerce des sens nette et débarrassée ?
Et vous ne goûtez point, dans ses plus doux appas,
Cette union des cœurs où les corps n'entrent pas ?

Acte IV, sc. 2, v. 1103-1106.

Clitandre répond avec ironie :

CLITANDRE

Le Ciel m'a dénié cette philosophie,
Et mon âme et mon corps marchent de compagnie...

v. 1217-1218.

On se reportera au texte complet des *Femmes savantes* pour lire l'ensemble de la scène.

D'autre part, Molière poursuit sa satire des beaux esprits et des poètes de ruelle en mettant en scène Trissotin et Vadius, autour de qui s'empressent la savante et les précieuses (acte III). **Comparer** la scène 2, où Trissotin dit son « *Sonnet à la princesse Uranie sur sa fièvre* », puis son épigramme « *Sur un carrosse de couleur amarante* », à celle de l'impromptu de Mascarille, dans *Les Précieuses ridicules*.

> *... une grande partie des grâces qu'on y a trouvées*
> *dépendent de l'action et du bon ton de voix...*
>> Molière, *Préface* des *Précieuses ridicules.*

Les *Précieuses ridicules* sont une «*petite comédie*» destinée à faire rire en complément de spectacle et relèvent, sans ambiguïté, de la farce pour le public de 1659. Mlle Desjardins intitule son compte rendu *Récit en prose et en vers de la farce des* Précieuses.

Le jeu comique y est l'instrument de la satire, mais il est aussi un objectif en lui-même. Les mœurs et les caractères raillés par Molière ajoutent des ressorts au divertissement qui repose principalement sur les moyens traditionnels de la farce et de la *commedia dell'arte* : personnages masqués ou enfarinés, travestissements, gestuelle comique, grossissement caricatural. Le jeu et la satire se nourrissent et se fortifient l'un de l'autre.

Il est éclairant d'étudier *Les Précieuses ridicules* du point de vue de la construction et du fonctionnement du jeu comique.

ÉTUDE

Observer les données du jeu et la logique qui les unit.

Au centre, deux acteurs, **Molière** et **Jodelet**. Selon l'usage de la farce au xviie siècle, ils se confondent avec les personnages de valets qu'ils ont créés. Le public s'attend à les retrouver dans une nouvelle aventure, avec leur allure, leurs mines et leurs traits habituels de caractère et de comportement (cf. *Valets**). Mascarille porte un demi-masque à l'italienne et Jodelet est «enfariné». Mascarille est beau parleur et fourbe. Jodelet a pour spécialité les maladresses de conduite sous un costume de maître. Du point de vue comique, ils sont complémentaires. Ces deux drôles auront des rôles à leur mesure. Ils seront travestis en marquis de Mascarille et vicomte de Jodelet pour une mystification conçue par La Grange et Du Croisy, leurs maîtres. Ils en reçoivent mission d'aller séduire deux jeunes bourgeoises de province qui, grisées par l'air de Paris, les ont mal reçus.

Cathos et Magdelon se piquent de préciosité et ne veulent pas des prétendants que leur destine leur famille, mais elles sont d'abord des «*pecques*» prétentieuses et naïves afin que la mystification soit justifiée et réussisse.

Gorgibus, père de Magdelon et oncle de Cathos, ne peut être qu'un bourgeois borné incapable de les comprendre.

Et leur servante **Marotte** ne peut être qu'une lourdaude.

Les caractères sont déterminés par les nécessités du jeu qui relève de la farce.

Étudier comment l'esprit de la farce apparaît :

1. dans le **thème de la mystification** visant à ridiculiser deux prétentieuses et dans celui du **déguisement** de valets en gentilshommes ;

2. dans l'**aspect visuel du jeu** : costumes, gestuelle, action :
– Gorgibus : figuration caricaturale du bourgeois provincial (cf. le témoignage de Mlle Desjardins p. 71 et *Bourgeois**) ;
– Magdelon et Cathos posant aux précieuses (cf. «La satire des mœurs dans *Les Précieuses*», p. 89) ;
– Mascarille jouant au petit marquis : son arrivée en chaise à porteurs jusque dans la salle basse de Gorgibus, sa querelle avec les porteurs, son costume (cf. sa description par Mlle Desjardins, p. 63), sa façon de se peigner, de faire admirer sa «*petite oie*», ses embrassades avec Jodelet ; Mascarille jouant au bel esprit (l'impromptu chanté) ;
– Jodelet essayant de poser au gentilhomme d'épée ;

3. dans la **parodie du langage** des précieuses et des beaux esprits (cf. «La satire des mœurs dans *Les Précieuses*» p. 89) ;

4. dans **les bouffonneries** de Mascarille et de Jodelet : relever, dans les scènes 11 et 12, celles qui sont liées au personnage de Jodelet (physique et caractère) que le public connaît et dont il attend le numéro habituel (cf. *Valet**) ; observer le rôle respectif de chacun des compères ; le glissement vers des plaisanteries scabreuses ;

5. dans le **mode de dénouement de l'action** (sc. 13-17) : coups de bâton ; déshabillage de Jodelet (l'acteur Julien Bedeau, qui était très maigre, enlevait de nombreux gilets avant de se retrouver dans ses habits de valet) ; facéties de Mascarille ; plaintes des violons ; invectives et menaces de Gorgibus à l'adresse de sa fille et de sa nièce.

Questions à examiner :
– Molière a choisi de traiter de la préciosité dans une farce. En quel sens ce choix entraîne-t-il le jugement du public ?
– Quel est l'intérêt de l'esprit de dérision de la farce pour parler de la comédie sociale ?

DOCUMENTS

On pourra étudier le jeu comique dans la dernière mise en scène des *Précieuses ridicules* à la Comédie-Française par Jean-Luc Boutté (1993) :

> *Aux Précieuses ridicules, le public du Petit-Bourbon ne boudait pas son plaisir. «Pour moi, j'y portai trente sous/Mais, oyant leurs fines paroles/J'en ris pour plus de dix pistoles», écrivait*

un poète de l'époque (= Loret, cf. p. 72). Aujourd'hui comme hier, on rigole pour son argent. Dans sa mise en scène, Boutté ne cherche pas à finasser avec l'humour et la tradition. Marotte (Catherine Samie) est en trois mots et deux gestes toutes les servantes de Molière ; Gorgibus (Igor Tyczka) a l'embonpoint, la colère sans malice et la faconde qui sied aux papas ; les deux apprenties précieuses Magdelon et Cathos (Claude Mathieu et Isabelle Gardien) ressemblent, dans leurs robes clinquantes, à ces poupées dansantes au fond des bouteilles de liqueur ; Mascarille (Thierry Hancisse), le faux marquis, croule sous l'excès de dorures ; Jodelet (Yves Gasc), le faux vicomte, est plus que douteux ; lorsque Magdelon s'exclame : « Voiturez-nous ici les commodités de la conversation ! » pour « Apportez les sièges », l'effet est aussi indémodable que lorsque Mascarille égrène ses « Au voleur ! Au voleur ! Au voleur ! » ; quant au numéro de mains baladeuses et de frotti-frotta entre les deux valets déguisés et les deux oies blanches – « Je vais vous montrer une furieuse plaie », il est impeccablement scabreux. La farce pourtant ne manque pas d'allure. Le décor vide et blanc (Louis Bercut), avec ses portes trop grandes et ses bulles transparentes, laisse les acteurs seuls avec les mots, dans une féerie en apesanteur dont Thierry Hancisse, à la fois physique et léger, est l'heureux meneur.

René Solis, *Libération*, 15 février 1993.

Voir aussi les extraits de la revue de presse concernant la mise en scène de Jean-Luc Boutté qui sont donnés dans « Jugements et critiques », p. 71.

Jodelet (Yves Gasc) et Mascarille (Thierry Hancisse). Mise en scène de J.-L. Boutté, Comédie-Française, 3 février 1993.

BEL AIR

•

« Vous devriez un peu vous faire apprendre le bel air des choses. »

(Magdelon à Gorgibus, sc. 4)

On appelle « bel air », au XVIIe siècle, les manières élégantes et à la mode. L'expression sort de l'usage au siècle suivant. Le « bel air », ainsi que Magdelon le reproche à son père, est étranger à l'esprit bourgeois (cf. *Bourgeois**). Les « gens du bel air » suivent la mode en tout, et d'abord dans le domaine vestimentaire. Pour Magdelon et Cathos, le défaut inexpiable de La Grange et Du Croisy est de n'être pas habillés à la mode et de venir en visite galante sans canons (sc. 4, l. 73-85), tandis que le mérite éclatant du marquis de Mascarille est non seulement de la suivre, mais de renchérir sur elle, ainsi qu'il le fait remarquer (sc. 9, l. 257-282). (On sait que pour les besoins du jeu comique, le costume de Mascarille était d'une outrance caricaturale ; cf. Mlle Desjardins, texte cité p. 71).

Il est aisé de tirer du texte les caractères de la mode masculine en 1659. On remarquera qu'il n'offre pas d'évocation équivalente de la mode féminine. Être du bel air, c'est aussi, comme le montre Mascarille par ses gestes et ses propos, sortir un grand peigne à tout moment et peigner sa perruque, embrasser bruyamment et tutoyer ses amis, parler haut, être sans gêne au théâtre, impatient avec ses laquais, méprisant à l'égard de qui n'est pas gentilhomme. C'est imiter, comme lui, tout ce que font les marquis (cf. *Marquis**). C'est aussi fréquenter les ruelles, composer des vers galants, débiter des compliments affectés, se piquer d'être bel esprit (cf. *Bel esprit**). Pour une femme, être du bel air, c'est suivre la mode de se farder, « [avoir] *une délicatesse furieuse pour tout ce qu'*[on] *porte* », parler avec affectation, lire les romans de Mlle de Scudéry, recevoir dans sa ruelle marquis, beaux esprits et poètes, commenter la *Carte du Tendre*, se laisser faire une cour romanesque. C'est faire tout ce que font les précieuses, tout ce qu'imitent et aspirent à imiter Magdelon et Cathos.

Lectures complémentaires pour étudier
– la satire du costume masculin dans le théâtre de Molière : voir en particulier *L'École des maris*, I, 1 (railleries du bourgeois Sganarelle contre la mode nouvelle) ; *Dom Juan*, II, 1 (description moqueuse du costume de Don Juan par le paysan Pierrot),
– la satire du bel air : cf. *Marquis**.

BEL ESPRIT

•

« J'ai un certain valet, nommé Mascarille, qui passe, au sentiment de beaucoup de gens, pour une manière de bel esprit... »

(La Grange, sc. 1)

Le « bel esprit » est un type social très apprécié dans les ruelles. « *Quel bel esprit est des vôtres ?* » demande à Magdelon le marquis de Mascarille. Pour sa part, il se vante de «*ne* [se lever] *jamais sans une demi-douzaine de beaux esprits*» (sc. 9, l. 67-68). Magdelon déplore de n'être point encore connue : «*c'est que, par le moyen de ces visites spirituelles* (= ces visites de beaux esprits), *on est instruite de cent choses qu'il faut savoir de nécessité, et qui sont de l'essence d'un bel esprit*». (l. 76-80). Le marquis de Mascarille lui promet d'établir chez elle «*une académie de beaux esprits*» (l. 102-103).

Une femme peut être un bel esprit comme le prouve le souhait de Magdelon. Mais Mlle de Scudéry, dans *Le Grand Cyrus*, se dit «*lasse d'être bel esprit et de passer pour savante*» : «*il n'y a rien de plus incommode que d'être bel esprit, ou d'être traité comme l'étant, quand on a le cœur noble et qu'on a quelque naissance.*» (*Le Grand Cyrus*, X, 612, d'apr. R. Lathuillère, ouvrage cité, p. 574) (cf. Biblio. p. 111). La qualité de bel esprit ne vaut donc pas la naissance noble, mais elle peut la suppléer et permet d'être reçu dans le monde. Le bel esprit possède en effet l'esprit que requièrent la conversation et les amusements mondains, littéraires et galants. Il n'est pas sans futilité. Les activités poétiques évoquées par Magdelon, Cathos et Mascarille montrent à quoi s'occupent les beaux esprits. Molière en traite ironiquement. Comme le dit La Grange à propos de la réputation de bel esprit de Mascarille, «*il n'y a rien à meilleur marché que le bel esprit maintenant*» (sc. 1, l. 38-39). Mais on peut faire carrière dans la société des ruelles comme bel esprit. Mascarille en rêve peut-être. Dans *Les Femmes savantes* (1672), Molière peindra en Trissotin un bel esprit coureur de dot.

BOURGEOIS
•

> «*Ah! mon père, ce que vous dites là est du dernier bourgeois.*»
> (Magdelon, sc. 4)

L'action des *Précieuses ridicules* se déroule dans la bourgeoisie, à Paris. Gorgibus est un «bon bourgeois» (cf. «Personnages», p. 12) qui vient d'arriver de province avec sa fille et sa nièce qu'il a dessein de marier au plus vite. La Grange et Du Croisy, les prétendants qu'il leur destine, sont de bonne famille bourgeoise. Ils ont des biens. L'affaire se présente favorablement, dans le cadre des usages (cf. *Mariage**). Magdelon, entraînant sa cousine Cathos, se rebelle contre cette façon de régler leur sort : «*Ah! mon père, ce que vous dites là est du dernier bourgeois.*». Le mot «bourgeois» est chargé par elle de tout le mépris que les précieuses professent pour l'esprit bourgeois, le mode de vie bourgeois, les valeurs bourgeoises. Il est couramment employé dans les ruelles pour dénoncer ce qui n'est pas «*galant*» et «*du bel air*» (cf. *Bel air**). Magdelon a honte de ses origines et rêve de découvrir «*une naissance plus illustre*» (sc. 5). Sa cousine en rêve aussi. En fait, une cruelle mésaventure va les faire retomber sous l'autorité bourgeoise de Gorgibus. Molière donne-t-il par là raison à Gorgibus ? Sans doute les deux cousines sont-elles excessives et ridicules (cf. «La satire des mœurs», p. 89), mais Gorgibus l'est également à sa façon. Molière exploite la tension comique entre l'esprit précieux et la tradition bourgeoise, sans approfondir le problème de société que révèle leur affrontement, qui est celui de l'évolution de la condition féminine.

Pour l'étude de la représentation de la bourgeoisie dans *Les Précieuses ridicules*, tous les personnages sont à considérer, en dehors des domestiques.
– **Gorgibus** est de l'espèce des bourgeois autoritaires et bornés du théâtre comique. Il est même grotesque.
Son nom le dit. Beau nom expressif, porté réellement, assure-t-on, par un voisin de Molière (cf. « Personnages », p. 12). Molière l'a déjà donné au père dans deux farces, *La Jalousie du Barbouillé* et *Le Médecin volant*. Il le donnera encore, dans *Sganarelle ou le Cocu imaginaire* (1660), à un « *bourgeois de Paris* » autoritaire et moralisateur, qui veut marier sa fille contre son gré. Ce nom est, dans le théâtre de Molière, attaché à ce caractère.
Son costume devait le montrer aussi, d'après le témoignage de Mlle Desjardins : « *Imaginez-vous donc, Madame, que vous voyez un vieillard vêtu comme les paladins français et poli* (= raffiné dans ses manières) *comme un habitant de la Gaule celtique...* » (*Récit en prose et en vers de la farce des* Précieuses).
Son langage appelle le rire par son mélange de rudesse pittoresque et de gravité sentencieuse.
Il fait preuve, enfin, de tous les traits de caractère peu flatteurs que la convention comique prête aux pères dans la vie domestique : esprit de lésine (à propos des dépenses de sa fille et de sa nièce, sc. 3), inaptitude à comprendre les pensées de jeunes filles et leur aspiration à l'amour, autoritarisme moralisateur, attachement aux biens solides et prouvés, ainsi qu'il apparaît dans son éloge des prétendants qu'il leur destine (sc. 4), capacité de colère violente et brutale (sc. 4, fin, et sc. 17).
Sans doute paraît-il avoir le bon sens pour lui dans ses reproches aux deux écervelées et dans sa dénonciation des « *pernicieux amusements des esprits oisifs, romans, vers, chansons, sonnets et sonnettes* », mais il menace sa fille et sa nièce de les battre, et l'on rit autant de sa colère que de la confusion des deux prétentieuses.
– C'est précisément parce qu'elles ne sont que des « *pecques provinciales* » aussi naïves que prétentieuses que **Magdelon** et **Cathos** se sont laissé prendre aux discours du marquis de Mascarille et du vicomte de Jodelet, en bourgeoises éblouies qui aspirent au bel air (cf. *Bel air**).
– **La Grange** et **Du Croisy** donnent-ils une image plus favorable de la bourgeoisie ? Ils sont venus en visite galante sans canons et sans plumes et Cathos se moque de la sobriété de leur habillement (sc. 4). Mais sont-ils ridicules ? Non. Manquent-ils d'esprit ? Non plus. Sans doute se vengent-ils peu charitablement d'un mauvais accueil, mais ils s'en trouvent justifiés par la prétention de leurs victimes et par la règle du jeu comique.
On reste néanmoins dans l'ignorance de ce que pourraient être leurs réponses aux questions légitimes qui sous-tendent le comportement des deux jeunes filles. Molière s'en est tenu à un jeu satirique un peu superficiel.

Lectures complémentaires pour suivre l'affrontement entre l'esprit bourgeois traditionnel et les revendications féminines dans le théâtre de Molière : *Sganarelle ou le Cocu imaginaire* (1660), *L'École des maris* (1661), *L'École des Femmes* (1662), *Les Femmes savantes* (1672).

FEMME

•

*« En un mot, c'est un ambigu de précieuse et de coquette que
leur personne. »*
(La Grange, sc. 1)

Le théâtre comique exploite traditionnellement les travers du caractère féminin. Les personnages de Magdelon et Cathos répondent à cet usage.
La précieuse est présentée par La Grange comme une variante de la coquette.
Celle-ci constitue un thème de satire courant (cf. Célimène dans *Le Misanthrope*, 1666). Magdelon et Cathos, *« ambigu* [= mélange] *de précieuse et de
coquette »*, sont l'objet d'un parti pris satirique annoncé par le titre de la farce.
De ce fait, leur aspiration à la liberté et leur refus d'un mariage imposé sont
discrédités par leur prétention et leur manque de jugement. Elles reçoivent la
sanction d'une cuisante mésaventure.
Au terme de la comédie, il n'y a pas eu de véritable débat sur les revendications qui inspirent leur conduite. Molière se contente ici d'exploiter le
comique du heurt entre les principes étriqués du père et l'exaltation romanesque des deux jeunes provinciales, et de faire rire d'une supercherie que
seule leur naïveté rend possible.
Molière reviendra sur le problème de l'éducation des filles et de la condition
des femmes dans le mariage et la vie sociale. Il le reprendra dans *L'École des
maris* (1661) en donnant raison à Ariste, l'esprit libéral et ouvert, contre
Sganarelle, le traditionaliste, dans l'*École des femmes* (1663), en ridiculisant
Arnolphe, l'homme à système, méfiant et jaloux, et dans *Les Femmes savantes*
(1672) pour railler, chez Philaminte, l'alliance de l'autoritarisme et de la
pédanterie et valoriser, chez Henriette, le cœur et le naturel.

MARIAGE

•

*« Le mariage ne doit jamais arriver qu'après les autres
aventures. »*
(Magdelon, sc. 4)
*« Vous serez mariées toutes deux avant qu'il soit peu, ou, ma
foi ! vous serez religieuses... »*
(Gorgibus, sc. 4)

Au XVIIe siècle, les mariages se règlent dans tous les milieux, chez les paysans
comme chez les ducs, selon des considérations de rang et de fortune. Pour les
familles, un mariage est une affaire de convenances, une « alliance » fondée
sur des intérêts. L'amour est accessoire et suit s'il peut.
Le mariage est la destination normale des filles qui passent de la tutelle de
leur famille à celle de leur mari, à moins qu'elles n'entrent en religion par
vocation ou faute de trouver un mari. La majorité est, pour elles, à 25 ans,
mais le célibat et la liberté après cet âge sont difficiles à assumer et, sans
ressources personnelles, de peu d'attrait. Les métiers féminins propres à
assurer l'indépendance sont rares. En revanche, les veuves disposent de leur
autonomie légale et, du moins dans les milieux aisés, de leur indépendance
matérielle, grâce au douaire que les règles de succession leur garantissent.

Dans les cercles précieux se développent, à propos de l'éducation et du statut des filles, des revendications qui sont en avance sur l'état des mœurs. La bourgeoisie, dans sa majorité, reste attachée aux vieux usages. Cependant, dans les classes supérieures de la société, les mœurs évoluent. À Paris en particulier, les femmes sont au centre de la vie sociale, mondaine, intellectuelle et littéraire. Cf. «Les précieuses et la préciosité», p. 80.

Observer que la comédie des *Précieuses ridicules* a pour point de départ un conflit de générations, au moment où deux filles arrivent à l'âge du mariage. – Gorgibus, bourgeois (cf. *Bourgeois**) provincial arrivé depuis peu à Paris (sc. 4, l. 118-119), est fidèle aux vieilles mœurs. Il est naturel pour lui de marier sa fille et sa nièce à des jeunes gens de son choix : *«je connais leurs familles et leurs biens...»* (sc. 4, l. 107-108). Sa menace de les enfermer dans un couvent, si elles refusent de lui obéir (l. 124-126), n'est pas un vain mot. Son autorité de père sur Magdelon et, vraisemblablement, de tuteur sur Cathos lui en donne le pouvoir. Arnolphe use de la même menace quand Agnès, sa pupille, lui résiste (*L'École des femmes*, V, v. 1 610-1 611). – **Magdelon et Cathos**, qui ont lu les romans de Mlle de Scudéry, refusent qu'on les marie dans de telles conditions. De l'une à l'autre, il faut noter, en outre, une différence intéressante. Magdelon veut exercer la liberté de son cœur et parvenir au mariage à la faveur d'une aventure romanesque : *«Laissez-nous»*, dit-elle, à son père, *«faire à loisir le tissu de notre roman, et n'en pressez point tant la conclusion»*. (sc. 4, l. 119-120). Cathos est plus audacieuse et conteste le mariage lui-même : *«Je trouve le mariage une chose tout à fait choquante. Comment est-ce qu'on peut souffrir la pensée de coucher contre un homme vraiment nu ?»* (l. 115-116). Ce refus de la sexualité, qui est formulé ici en termes comiques, est affiché par certaines précieuses.

Questions à examiner :
– Molière place-t-il tout le ridicule du côté de Cathos et Magdelon?
– En quels termes le problème du mariage est-il posé dans la suite de son théâtre? Examiner en particulier, de ce point de vue, *L'École des maris* (1661), *L'École des femmes* (1662), *Le Tartuffe* (1669), *Les Femmes savantes* (1672), *Le Malade imaginaire* (1673).

MARQUIS
•

> *«Ah! ma chère, un marquis!»*
> (Magdelon, sc. 6)

Mascarille, simple valet *«qui s'est mis dans la tête de vouloir faire l'homme de condition»* (sc. 1, l. 40-41), se pare, avec la complicité de son maître, du titre de marquis. Ce titre de noblesse est lié à l'origine, à la possession d'un marquisat. Associé au nom de Mascarille, il sent la supercherie, mais éblouit Magdelon et Cathos (sc. 6).
À la faveur de ce titre, Mascarille imite le comportement d'une certaine jeune noblesse et s'en donne à cœur joie. Molière, sous le masque de Mascarille, parodie, évidemment, les travers des marquis. On les observera au fil de l'action et des discours du prétendu marquis de Mascarille :

– fatuité (costume, manières, attitudes) ;
– brutalité avec les porteurs de chaise et les laquais ;
– rappel constant de la supériorité de l' « homme de qualité » ; dédain protecteur pour les auteurs, les acteurs, les libraires ; mépris affecté de l'argent ; prétention à tout détenir par droit de naissance : « *Les gens de qualité savent tout sans avoir jamais rien appris.* » (sc. 9, l. 187-188) ;
– étalage de hautes relations, fréquentation de la Cour ; prétention d'être admis au petit coucher du roi ;
– vantardise sur les services rendus et plaintes sur le fait que le mérite ne soit pas reconnu.

Lectures complémentaires pour suivre la satire des marquis dans le théâtre de Molière :
– *Les Fâcheux* (1661), I, 1 : le marquis Éraste conte comment « *un homme à grands canons* » rencontré sur le théâtre s'est proclamé de ses amis et l'a, à ce titre, importuné de ses bavardages de fat. Comparer ses manières d'homme à la mode et celles du marquis de Mascarille.
– *La Critique de l'École des femmes* (1663) : Molière y met en scène, comme porte-parole de ses ennemis, Climène, une mondaine façonnière, et un marquis qui fait le dédaigneux.
– *L'Impromptu de Versailles* (1664) : Molière et ses comédiens préparent un spectacle qui mettra en scène des marquis : « *Le marquis aujourd'hui est le plaisant de la comédie ; [...] dans toutes nos pièces de maintenant, il faut toujours un marquis ridicule qui divertisse la compagnie.* » (sc. 1). Ils étudient une idée de scène, la rencontre de deux marquis dans l'antichambre du Roi (sc. 3).
– *Le Misanthrope* (1666), III, 1 : rencontre des marquis Acaste et Clitandre, le premier particulièrement satisfait de lui-même et de sa place dans le monde.

PARIS
•

> « *Eh bien, Mesdames, que dites-vous de Paris ?* »
> (Mascarille, sc. 9)

La « petite comédie » des *Précieuses ridicules* constitue une évocation satirique non seulement des précieuses mais du Paris des snobs de 1659.
Paris est le premier sujet de conversation abordé par le marquis de Mascarille. Le valet imposteur qui veut « *faire l'homme de condition* » (sc. 1) et les deux « *pecques provinciales* » communient immédiatement dans la satisfaction vaniteuse de se réclamer de cette grande ville. L'un se présente comme initié à ses plaisirs, les autres croient avoir trouvé leur initiateur. « *Paris est le grand bureau des merveilles, le centre du bon goût, du bel esprit et de la galanterie.* », proclame Magdelon. Et Mascarille renchérit : « *Pour moi, je tiens que hors de Paris, il n'y a point de salut pour les honnêtes gens.* » (sc. 9, l. 47-50).
Les prestiges de la vie parisienne étant ainsi définis globalement, vient le détail de ses séductions. Il est aisé et amusant de l'observer.

– Pas d'évocation de l'aspect de la ville, mis à part une allusion à la saleté des rues, occasion de rappeler le recours dont disposent les « honnêtes gens » : « *Il y fait un peu crotté mais nous avons la chaise.* » (l. 52-53).

– Ce qui compte, c'est la vie mondaine, les visites que l'on rend aux dames, les *« beaux esprits »* qui fréquentent chez elles, les activités poétiques et littéraires des *« belles ruelles »* (l. 57-93), les propos et les vers galants par lesquels on sait briller (le marquis de Mascarille donne un échantillon de son savoir-faire, l. 132-208).

– On doit fréquenter la comédie, participer aux cabales (l. 215-237), avoir écrit *« quelque comédie »* ou le faire croire, et affecter de la destiner aux *« Grands Comédiens »* (l. 238-252).

– Il faut suivre la mode et se fournir chez le bon marchand (l. 257-286) (cf. *Bel air**).

– Il est bon de disposer d'un carrosse (sc. 11, l. 79), de pouvoir mener les dames en promenade *« hors les portes »* pour leur offrir un *« cadeau »* (= un repas champêtre) (l. 81-82). À défaut, on leur offre un bal (l. 84).

Pour profiter ainsi de la vie parisienne, il faut évidemment, pour une femme, tenir ruelle, et pour un homme, être marquis ou vicomte, ou, du moins, bel esprit, afin d'être reçu. Mascarille se pare de la double qualité de *marquis** et de *bel esprit**. Il s'agit de types sociaux à la mode dont Molière poursuivra la satire dans ses comédies ultérieures.

VALET
•

> *« J'ai un certain valet, nommé Mascarille, qui passe, au sentiment de beaucoup de gens, pour une manière de bel esprit. »*
>
> (La Grange, sc. 1)

Deux valets tiennent les premiers rôles dans *Les Précieuses ridicules*, Mascarille, qui est le valet de La Grange, et Jodelet, qui est celui de Du Croisy. Ils apparaissent travestis en marquis et en vicomte, mais conservent leur personnalité qui, comme leur nom, est connue du public et contribue au comique de leur supercherie.

Mascarille, dont le nom, formé sur l'italien *« mascara »* (= masque), évoque les farceurs masqués de la *commedia dell'arte*, est un valet d'intrigue habile et beau parleur. Molière l'a créé dans *L'Étourdi* (1654), comédie d'intrigue en cinq actes et en vers, où il s'emploie à servir les amours de son maître Lélie en dépit des maladresses de celui-ci qui fait sans cesse échouer ses ruses. Dans *Le Dépit amoureux* (1656), comédie en cinq actes et en vers, il sert les amours de Valère, en valet plus facétieux que brave. Molière a repris ces comédies avec succès depuis son retour à Paris.

Dans *Les Précieuses ridicules*, Mascarille est touché par la mode du «bel esprit» : *«C'est un extravagant, qui s'est mis dans la tête de vouloir faire l'homme de condition. Il se pique ordinairement de galanterie et de vers [...]»* (sc. 1). Ainsi est-il expliqué qu'il assume si bien le rôle du marquis de Mascarille que son maître l'envoie jouer auprès des deux précieuses.

Molière jouait le rôle avec un demi-masque à l'italienne. Certains critiques ont refusé de le croire, par respect pour l'auteur du *Misanthrope*. Le témoignage du mathématicien hollandais Huygens, qui a assisté à la représentation des *Précieuses,* le 28 janvier 1661, ne permet pas d'en douter. (D'après R. Bray, *Molière, homme de théâtre,* ouvrage cité, p. 79) (cf. Biblio. p. 111).

Jodelet est un valet créé par l'acteur Julien Bedeau qui vient de quitter le Théâtre du Marais pour rejoindre Molière. Le valet Jodelet a, depuis vingt ans, un immense succès. Scarron a écrit des comédies pour lui : *Jodelet ou le Maître valet* (1643), pièce burlesque où il fait échange de costume avec son maître ; *Les Trois Dorothées ou Jodelet souffleté* (1645), pièce reprise ensuite sous le titre de *Jodelet duelliste.*

Alors que les farceurs italiens portent un demi-masque, comme fait encore Mascarille, Jodelet s'enfarine le visage à la manière des anciens farceurs français, d'où son surnom d'*Enfariné.* Il a, en outre, le visage barré par une large moustache noire (cf. gravure, p. 47). C'est un valet glouton, vantard, poltron et grossier. «*Sa grande spécialité comique consiste au fond dans les fautes de ton, en gestes comme en paroles, quand son déguisement l'oblige à singer la vie mondaine.*» (Jacques Truchet sur *Jodelet ou le Maître valet,* *Théâtre du XVIIe siècle,* tome II, p. 1418, Bibliothèque de la Pléiade).

On observera que, dans *Les Précieuses ridicules,* le comique est, pour une part, fondé sur le caractère conventionnel du valet Jodelet, une nouvelle fois déguisé en maître, et, d'autre part, que son rôle est complémentaire de celui de Mascarille (cf. «Le jeu comique dans *Les Précieuses ridicules*», p. 99).

abord (d') : dès l'abord.

abord (d') que : dès que.

amant : celui qui aime et déclare son amour.

bel esprit : homme ou femme d'esprit. Cf. «Index des thèmes» : *Bel esprit**.

brutal : grossier.

cependant : pendant ce temps.

chausses : bas.

comme : comment.

condition : condition noble dans «homme de condition», «gens de condition».

connaître (se) : avoir conscience de son rang, rester à sa place.

coup (encore un –) : encore une fois.

entendre : comprendre.

faire l'amour : parler d'amour.

fatalement : par la fatalité.

galant : 1. élégant; 2. courtois et attentif à plaire aux dames.

galanterie : élégance dans les manières et l'esprit, particulièrement avec les dames.

gens : domestiques.

honnêtes gens : gens de la bonne société.

impertinence : 1. manque de jugement; 2. insolence.

impertinent : dépourvu de jugement.

méchant(e) : mauvais(e).

neuf : novice.

objet : femme aimée.

pourpoint : veste des hommes.

propre : élégant.

proprement : élégamment.

qualité : qualité noble (dans «homme de qualité»).

sans doute : sans aucun doute.

tout à l'heure : tout de suite.

ÉDITIONS

Œuvres complètes de Molière, éd. Despois-Mesnard, coll. des « Grands Écrivains de la France », Hachette, Paris, 1873-1900, 13 vol. *Les Précieuses ridicules* sont au tome II.
Œuvres complètes, éd. Georges Couton, « Bibliothèque de la Pléiade », Éd. Gallimard, Paris, 1971, 2 vol. *Les Précieuses ridicules* sont au tome I.

OUVRAGES GÉNÉRAUX

François Bluche (sous la direction de), *Dictionnaire du Grand Siècle,* Fayard, Paris, 1990 : riche d'informations sur tous les sujets.
Georges Mongrédien, *La Vie quotidienne des comédiens au temps de Molière,* Hachette, Paris, 1950 : toujours valable.
Antoine Adam, *Histoire de la littérature française au XVIIe siècle,* Domat, Paris, 1949-1956.
René Bray, *La Préciosité et les Précieux,* Nizet, Paris, 1960.
Roger Lathuillère, *La Préciosité, étude historique et linguistique,* tome I, Librairie Droz, Genève, 1969.

SUR MOLIÈRE

Alfred Simon, *Molière, une vie,* La Manufacture, Paris, 1988 : la plus récente étude biographique.
Antoine Adam, ouvrage cité ci-dessus, tome III : important chapitre sur Molière.
René Bray, *Molière, homme de théâtre,* Mercure de France, Paris, 1954 : l'œuvre expliquée par les contraintes du métier d'acteur et de chef de troupe.
Patrick Dandrey, *Molière ou l'esthétique du ridicule,* Klincksieck, Paris, 1992 : pas d'étude particulière des *Précieuses ridicules,* mais une étude générale de la vision comique de Molière : pour lecteur déjà bien informé.
Gérard Defaux, *Molière ou les métamorphoses du comique,* French Forum, 1980, Klincksieck, Paris, 1992 : Molière de la comédie morale à la comédie-ballet, dans ses rapports avec les valeurs sociales et morales de son temps.
Jean-Pierre Collinet, *Lectures de Molière,* « U2 », Armand Colin, Paris, 1974 : les réactions devant le théâtre de Molière du XVIIe siècle à nos jours.

POUR ÉTUDIER *LES PRÉCIEUSES RIDICULES*

Antoine Adam, ouvrage cité, tome III, ch. IV, *Molière* ; tome II, ch. I, *la préciosité et les salons* ; ch. III, *Mlle de Scudéry.*

ANNEXES

Paul Bénichou, *Morales du Grand Siècle,* Bibliothèque des Idées, Gallimard, Paris, 1948. Rééd. «Idées-Gallimard», 1981 : important chapitre sur Molière.
René Bray, *La Préciosité et les Précieux* : pour la poésie et les romans précieux.

MISES EN SCÈNE DE MOLIÈRE

Maurice Descotes, *Les Grands Rôles du théâtre de Molière,* P.U.F., Paris, 1960 : rien sur la mise en scène des *Précieuses,* mais un historique de l'interprétation des «grands rôles» qui éclaire la problématique de l'œuvre de Molière.
Michel Corvin, *Molière et ses metteurs en scène d'aujourd'hui,* Presses Universitaires de Lyon, 1985 (Chéreau, Planchon, etc.). Rien sur *Les Précieuses.*

Imprimé en France, par CPI-Hérissey à Évreux (Eure) - N° 111713
Dépôt légal : 06/2009 – Collection N° 65 - Édition N° 03
16/9383/7